人妻手記
ありきたりのセックスじゃ
もう満足
～背徳の快
たち～
験編集部 編
竹書房文

第一章

背徳の快楽に燃えた女豹たち

第二章

背徳の快楽に蕩けた女豹たち

第三章

背徳の快楽に狂った女豹たち

第四章

背徳の快楽に溺れた女豹たち

第一章

背徳の快楽に燃えた女豹たち

■私は自慢のFカップの胸を弾ませながら、からみあう三人の中に乱入していって……

飢えた三人の人妻の獲物はイケメン・セールスマン！

投稿者 田中美奈代（仮名）／32歳／専業主婦

ある平日の昼下がり、ご近所で仲のいい主婦友の二人が私の家に遊びにきて、三人で食後のお茶を愉しんでいたときのことです。

……というと聞こえはいいですが、その実際の会話の内容はといえば、もっぱら自分たちのダンナへの不平不満……それも、最近セックスレス気味だとか、勃《た》ちが悪いだとか、早漏だとか……夫婦の夜の営みに関することばっかりで、そりゃもう明け透けでミもフタもないものでした。まあ、こういうホンネをお互いにぶつけ合うことで、欲求不満のストレスを発散しているというわけです。

そして、私は子供がいないのですが、あと二人の景子さん（三十三歳）と美晴さん（三十四歳）の子供が、あと一時間くらいで幼稚園の送迎バスで帰ってくるから、ぼちぼちお暇《いとま》して出迎えの準備を、というような話しをし始めた頃合いのことでした。

ピンポーン、ピンポーン♪

軽やかに玄関チャイムが鳴ったので、モニターで来訪者の姿を確認してみると、そこに映っていたのは、スーツ姿の二十代後半と思われる若い男性でした。手には黒いアタッシェケースを持ち、明らかに何かのセールスマンのようです。

まあ、普通だったらそんなの門前払いする私ですが、その彼の顔を見て、思わずいつもの「間に合ってます～」という断り文句を発することに、一瞬のためらいが生じてしまいました。

白いマスクで顔の下半分は隠れていますが、見えている上半分……目元を見る限り、私好みのキリッとしたしょう油顔の、間違いなくイケメンだったのです。

「なになに、どうしたの～？」

来訪者に対して何の反応もしない私を怪訝に思ったのか、景子さんと美晴さんの二人がやってきて、私と一緒にモニター画面を覗き込んできました。そして、

「うわっ！　ちょっとちょっと、カッコイイじゃないの～、このカレ！」

「ほんとだー！　さては美奈代さんも、カレのこと、ロックオンってかんじ？」

と口々に囃し立てるように言いながら、さらに盛り上がり、

「ねえねえ、何のセールスマンか知らないけど、とりあえず家に入れちゃおうよ！　こんな若いイケメンと話せるだけでも楽しそうじゃん？　ね、ね？」

と、二人とも明らかに『話す』だけではとても収まりそうにない、不埒な興奮でギンギンに血走らせた目で言いだす始末。

……って、ここ私の家なんだけど、勝手なこと言わないでよ……と、ちょっと躊躇したものの、結局、私は二人の熱気に押されるような形でインタフォン越しにカレに対応すると、ドアを開けて家に招き入れたのでした。

ま、元はと言えば、カレのイケメンぶりに見とれてしまい、ぐずぐずしてた私がいけなかったわけですしね。

カレは私の見立て通り二十七歳、ダイエット食品のセールスマンでした。モニター越しでなく、マスクを外した実物を間近で見ると、イケメンなだけではなく、そのスーツの下には引き締まった筋肉の、なかなかたくましい肉体が隠されているのが見て取れました。

カレは、偶然訪ねた家にセールス相手が三人もいることに驚きを隠せないようでしたが、うまくすれば三人相手に商談が成立するかもしれないわけですから、がぜん張り切ってセールストークを始めました。私たちは三人で、リビングのソファに座ってカレを囲む形でそれを聞き始めたのですが、特に私以外の二人……景子さんと美晴さんは、はなからまともに聞く気もなく、ふと気づくと、それまで座っていた対面の席からカレの両隣りの席へと移動し、フムフムとさも熱心に聞くようなフリだけしながら、カレを真ん中に挟んでのサンドイッチ態勢を形成していました。そして、

「ふ～ん、なるほどねえ……それは痩せそうねえ」

などともっともらしいことを言いながら、ジリジリとカレとの距離を詰めていって……とうとうピッタリと密着してしまいました。

そして、体をすり寄せてキャイキャイと声を弾ませながら、

「あら、あなたって思いの他、たくましいカラダしてるのね」

「ほんとほんと！　うわ、太腿もパンパンで筋肉が詰まってる感じ？」

と言って、二の腕や太腿を撫で回し始める始末。

「……は、はあ……まあ……」

そんなふうにされて、明らかに困っている様子のカレでしたが、その様子が私としては可愛くてたまらず、自分でもびっくりするようなことを言ってしまっていました。

「ねえ、あなた、もしそのたくましいカラダで私たち三人のこと、満足させてくれたら、その商品、三人分買ってあげてもよくってよ？　ね、皆さん？」

すると、二人ともノリノリで調子を合わせてくれて、

「うん、買う買う！　気持ちよくしてくれたら、ドーンと買ってあげちゃう！」

と口々に言いながら、カレの返事を待たずして、スーツの上着を脱がし、ネクタイをゆるめ、Ｙシャツのボタンを外し始めて……。

「わ、わかりました！　オレ、がんばらせていただきます！」

とうとう覚悟を決めたカレは叫ぶようにそう言いながら、自らズボンもパンツも脱いで全裸になりました。分厚く盛り上がった胸筋、見事に割れた腹筋……それはもう贅肉の一切ない、すばらしいマッスル・ボディでした。

「あ～ん、すてき～～～っ！」

それを見た景子さんと美晴さんは、もう完全に飢えた女豹状態で、自分たちもさっさと服を脱ぎ、下着を外して全裸になると、弾けるように乳房を揺らしながら、カレの肉体にむしゃぶりついていきました。

景子さんはカレの乳首をベロベロとねぶり回し、チュウチュウと吸い立て、美晴さんのほうはカレの前にひざまずくと、その大ぶりなペニスを支え持って咥え込み、チュバチュバとしゃぶりまくります。

「……うっ……んくぅ……うっ……」

その激しい攻撃に若干たじろぎながら、カレのほうも手をそれぞれの乳房に這わせて揉み立て、乳首をコリコリと摘まみこねて……。

「あんっ……はぁっ、あう……んくぅ……」

景子さんも美晴さんも、カレを責め立てつつ自らも感じ、甘い声で悶えています。

もちろん、私だってもうたまりません。焦り気味に服を脱ぎ去ると、自慢の八十六センチFカップの胸を弾ませながら、からみ合う三人の中に乱入していきました。そしてカレの唇にむしゃぶりつき、舌をからめて激しく唾液をむさぼって！

「んあっ、んじゅぶ、ちゅばっ、じゅるるっ、ぬじゅぶ……」

混ざり合った私とカレの大量の唾液が口から溢れ、したたり流れて、景子さんと美晴さんのカラダも妖しくベトベトと濡らしていって……四人の裸体を淫らで生臭い匂いが覆い、でもそれは決して嫌悪感を催すものではなく、皆の欲望はますます燃え上がり、昂っていくようでした。

「あ〜ん、もうアタシ、たまんな〜〜〜いっ！」

景子さんがやおら一声甲高くそう叫ぶと、カレのカラダをカーペット敷きの床に仰向けに引きずり倒し、そのフル勃起したペニスの上にまたがって腰を沈めていきました。チュブチュブ、ヌブヌブという濡れた肉ずれの音を発しながら結合した双方の性器は、やがてズップ、ヌップ、ジュブブ、ズップ、ヌチュチュ……という抜き差しする淫靡な音を高め、速めながら、より深く激しく溶け合っていくようでした。

「あん、もう！　二人だけずるいわっ！」

するとすると今度は美晴さんがそう言い、騎乗位で腰を振り立てている景子さんと向き合う格好でカレの顔の上にまたがり、自分のドロドロに濡れた性器でその口をふさぐとグイグイと押しつけていきました。カレも必死でそれに応えて、舌で美晴さんの中をヌチャヌチャと掻き回し、ジュルジュルと啜り立てて。

「んあっ！　はぁっ……あ、ああん！　いいっ、かんじるぅっ……！」

一人の男の上で、二人の女があられもなく悶え狂う様は、それはもう獣欲極まれりというかんじで、爪はじきにされた私はとりあえず、三人の痴態を眺めながらオナニーして、己の肉欲を鎮めるしかありません。

そしてそれから数分後、景子さんと美晴さんの二人に絶頂のクライマックスがやってきたようで、

「ああっ……イクイクッ！　んんん、んあ～～～～っ！」

「あふーん……イッちゃうぅ……んぐーーーーっ！」

ほぼ同時に二人叫んだかと思うと、カレの上でぐったりとくずおれてしまいました。

さあ、ようやく私の番です。

場所を提供してる人間が一番最後だなんておかしくない？　などと内心愚痴りなが

ら、私は四つん這いになってカレのほうにお尻を向けると、大好きなバックでの挿入を要求していました。

そしてガッシリと両手で尻肉を摑まれ、ズブズブと入ってきたペニスがもたらす快感は、それはもう極上すぎて……カレに激しく腰を打ちつけられながら、私ものの三分ともたずにあられもなくイキ果て、

「んあああぁぁぁ～～～～～～っ……！」

と、喜悦の悲鳴をほとばしらせていたのでした。

そして約束どおり三人分、計四万円近い売り上げを手にしたカレは、疲れも吹っ飛んだ様子で去っていき、景子さんと美晴さんは慌ただしく身づくろいをすると、可愛いわが子たちのお出迎えをすべく帰っていきました。

今思い出しても、カラダの芯がカッと熱くなるような出来事でした。

■例の亀頭が抜き差しするたびにオマ○コの縁に絶妙にひっかかり、ああ……

新任課長の『すごいセックス』を心ゆくまで堪能した私

投稿者 仁科梨花（仮名）／28歳／OL

今年の春の人事異動で、うちの課の新任の課長として、佐藤さん（三十六歳）が赴任してきて、皆の前で挨拶をしたときから、私にはビビッとくるものがあった。

絶対にこの人のセックスはすごい。

決して特別体格がいいわけでもなく、いわゆる『スキモノ』そうな顔をしているわけでもない。さらに、そのスーツのスラックスの股間部分から窺えるアレの大きさも至って普通そうではある。

とりたてて、その容貌からセックスのすごさを感じさせるものはないのだけど、百戦錬磨の（笑）私にはわかるのよね。それはもう『すごいセックスのオーラ』としか言いようのないものかもしれない。

で、なぜ私がまだ二十代後半だというのに、そんな淫乱なアンテナを発達させてしまったかというと、実はその秘密は私の結婚の経緯にある。

私は四年前、大学時代に知り合った今の夫と結婚したのだけど、そもそもエッチ好きの私にとって、彼を人生の伴侶に選んだ最大の決め手は、そのとんでもないセックスの相性の良さにあった。とにかくアソコ同士のハマり具合のよさはもちろん、お互いの肌質のフィット感といい、合体してからフィニッシュに至るまでの双方の性感のバイオリズムのドンピシャ感といい……ほんとにもうすべてが完璧で、マジ毎日ヤッても飽きがこないどころか、どんどん快感が深まり味わいが増していくような感じで、それはもう幸せで充実感溢れる結婚生活だった。

ところが二年前、そんな日々に終止符が打たれてしまった。

夫が、おそらくその仕事上の重責からくるプレッシャーとストレスと思われる要因で、重度のＥＤ（勃起不全）になってしまったのだ。バイアグラその他の治療薬をどれだけ試しても、精のつく食事を心がけ、日々の生活のあらゆる見直しを図っても……夫のそれは勃つことなく、それ以来うちはずっとセックスレス夫婦。

それからというもの、私の満ち足りた人生は激変してしまった。

夫は深い自己嫌悪の闇に落ち込み、双方の会話はなくなり、私は家にいるのが苦痛になり……そしてもちろん、想像を絶する欲求不満に捉われるようになってしまった。

夫が悪いわけではないことを頭では十分わかっているものの、カラダのほうはそれで治まってくれるはずもなく、私はネットの出会い系サイトを中心に男漁りに精を出し、手当たり次第に不倫セックスにのめり込むようになってしまったのだ。

とまあ、そんなわけで、この二年間で関係を持った男の数は優に百人を超えるに至り……私は好むと好まざるとに拘わらず、相手のセックスに対する『嗅覚』が恐ろしく発達してしまったというわけ。

そして同時に、男に対してあけすけなアプローチをすることにも、何の躊躇も羞恥心もなくなり、狙いを定めたら直球勝負！

「課長、単身赴任の一人住まいなんですってね。お近づきのしるしに、今週末あたり、お宅に遊びに行ってもいいですか？」

佐藤課長にそう言うと、さすがに『ええっ⁉』という顔をされたものの、これまで部下の女性社員からそんなことを言われたことがないであろう驚きと同時に、それはもう意味することは一つしかないことがすぐに伝わったようで、

「ああ、狭いところだけど……歓迎するよ」

と、快く承知してくれた。

そして週末の土曜日。私は夕方四時頃、お手製の弁当を持参して課長の住む１ＤＫのマンションを訪ねていった。

課長は喜んで私の弁当を食べたあと、よかったら食後の一杯を一緒にどうだい？　とお酒を勧めてくれたけど、私はアルコールがあまり得意でなく、それに何より早くセックスがしたかったから、丁重にお断りした上で課長のほうに身を寄せ、

「それより……早く抱いてほしいです……」

と言って、唇を突き出してキスをねだってた。

「あ、ああ……仁科くん……」

「いや。梨花って呼んで」

「……梨花！」

二人の唇が重なり、チュパチュパ、チュッと小鳥がついばむようにキスしたあと、お互いの舌をからみ合わせて濃厚に啜り合って……もうそれだけで私の性感は一気に昂り、淫乱エンジンはフル回転！　課長と唇を重ねたまま、慌ただしく自分の服を脱ぎ、下着を外していった。そしてさんざん唾液を啜り合って互いの唇を離したときには、私はもう全裸になっていて、課長の顔にグイグイと乳房を押しつけてた。

「お、おお……梨花……きみ、オッパイ大きいんだね……んぐ、んじゅぶ……」

課長はそう言いながら、乳房を激しく揉みしだき、乳首を貪欲に舐めしゃぶってくれて……「あん、ああ……あふぅ……」と、私はそのあまりに絶妙すぎる快感タッチ

に悶え喘ぎ、またたく間に下半身も熱く疼いてくるのを感じていた。

やっぱり私の目に狂いはなかったわ。

私は、課長に対する自分の見立ての正確さにほくそ笑みながら、彼の服に手をかけ、裸に剝いていった。その体は若干メタボが入ったちょいポチャだったけど、改めてヒシと抱き合ってみると、かつての夫に勝るとも劣らないフィット感で、しっくりと馴染んでとても心地いい。

「ああ、課長……課長の、しゃぶらせて！」

「ああ、一緒にしゃぶり合おうよ」

それから私たちはシックスナインの体勢になり、お互いの性器をこれでもかとむさぼり、味わい合った。課長のペニスは特別大きくはなかったけど、適度なボリュームかつ硬さも十分。それに何といっても、勃起したその形状……亀頭の張り出し具合が最高で、これ絶対、私のアソコの中でバッチリひっかかってキモチいいやつ！

私はそんなふうに淫らな期待に胸昂らせながら、これでもかと舐めしゃぶったあと、ついに本番をおねだりしていた。

「ああん、もうガマンできない……チ○ポが欲しすぎてマ○コが発狂しちゃいそう！ねえ、早く……早くここに入れてぇっ！」

と言って仰向けになって大きく両脚を広げ、ものすごい勢いで突進してくる課長の体をガッシリと受け止めた。

そして、その勢いのままにズブリと膣内に衝撃が……！

それはもう、想像していた通りの最高の快感で、例の亀頭が抜き差しするたびにオマ○コの縁に絶妙にひっかかり、ああ、たまらない……！

「……んあっ、はぁ、ああっ……くはっ、あん……か、課長、すごい〜〜〜！」

「う、ううっ……梨花の中も最高にいい具合だっ……う、ううっ……」

「あ、ああん……きてっ！　課長、奥までブッ放して〜〜〜っ！」

私は絶頂の果てに吹っ飛びながら、課長の熱いほとばしりが胎内にドクドクと流れ込んでくる感覚を噛みしめていた。

その後、課長は二時間に渡って、なんと続けて四発も私の中に放ってくれるというタフネスぶりを発揮し、私の最初の見立て通り『すごいセックス』を心ゆくまで堪能させてくれた。

うん、しばらくは彼に楽しませてもらいましょ。

■同時に二人の男から、オッパイとアソコという敏感な部分を責め立てられて……

夫の眼前で見知らぬ二人の男に犯されイキ悶えて！

投稿者 中本優亜（仮名）／25歳／ショップ店員

やったーっ！　うっとおしい梅雨もやっと明けたよーっ！

ってことで、美容師をしてるダーリンと、二人の休みが奇跡的に重なったある日、海までドライブに行こうってことになりました。

そこは景色もよくて、まあまあ人気のスポットなんだけど、さすがに平日ってことであまり人出のない中、私たちは駐車場に車を止めて海岸の砂浜まで降りてって、手をつないでぶらぶらと歩き始めました。

そうして一時間ほど歩いてるうちに日も暮れ始め、水平線をオレンジ色に染めるロマンチックな夕焼けの中、私たちはいい感じに気分も上がってきて、砂浜の上に並んで腰を下ろしました。

ダーリンが唇を寄せてきて、私もそれを受け止めると、互いの舌をからませ始めました。周りには誰もいませんから、人目を気にすることもなく激しくなっていき、ジユルジュルと唾液を啜り合い、互いのカラダをまさぐり合い始めました。

「……んっ、んあっ……はっ……」

「ああ、優亜……好きだよ……愛してる……」

このロマンチックなロケーションが言わせてるんでしょうか？

ダーリンは普段はあまり言わない、そんな甘ったるいセリフを口走りながら、私の白いシャツを脱がせ、紫色のタンクトップの上からノーブラの胸を揉みしだいてきました。彼の美容師らしい細くしなやかな指が繰り出す愛撫に、私もどんどん感じてしまい、興奮して……手を伸ばしてカーキ色のハーフパンツの上から股間をまさぐり、こっちはあまり美容師らしくない（笑）太くゴツイものを撫でさすり、揉み立てて。

「ああん……ダイちゃん（ダーリンの名前は大輔っていいます。だからダイちゃん）の、こんなに大きくなっちゃってる……すごぉい」

「このあとホテル行こうかって思ってたけど……なあ、このままここでヤっちゃわないか？　俺、もうガマンできないよ」

ダーリンは私のタンクトップの中に手を潜り込ませ、直にナマ乳を揉み回しながら、そんなことを言ってきました。

「ええっ、ここでぇ……？　だって外だよぉ？」

なんて言いながら、私のほうもまんざらじゃなくって。この野外でヤる……アオカンっていうの？　一度もやったことがなくって、実は興味シンシンだったんです。

「いいじゃん、いいじゃん？」

ダーリンはそう言いながら自分が着ていたデニムのシャツを脱ぐと、それを砂浜の上に広げ敷き、私をその上に寝かせました。そしてキュロットパンツの前を開いてパンティもこじ開けると、私のアソコに触れてきました。そして、

「おっ？　優亜のココもうヌレヌレじゃん！　ふふっ」

と、わかっちゃいたけどね、的な笑みを浮かべながら、繊細な指を肉ひだの中で絶妙のタッチでうごめかせてきて……。

「ああん、はぁっ、あっ……んあぁっ、あふぅ……」

彼の指使いに合わせてヌチュ、グチュとあられもない音を立ててアソコを啼かせながら、私はもう何のためらいもなく、喘ぎ声をあげちゃってました。

「はぁはぁ……優亜、ああ……もう、入れちゃうぜ？」

すっかり興奮したダーリンがそう言いながらハーフパンツと下着を脱ぎ、バキバキに勃起した巨チンを振りかざしてきました。

「ああん、はぁっ……うん、入れて入れて！　早く突っ込んでぇっ！」

私の欲望ももう全開MAXです。

自分からキュロットとパンティを脱ぎ、股間を大きく広げて彼のを待ち受けました。

ところがその、ああ、もうすぐにダーリンの大っきいのが入ってくる……と、そう期待と興奮に胸高鳴らせ、濡れたアソコをヒクつかせていたとき、とんでもないことが起こったんです！

「ねえねえ、楽しそうなことしてるじゃん！　俺らも交ぜてよ～」

と言いながら、いきなり二人の見知らぬヤカラ風の男たちが現れ、問答無用でダーリンを後ろから羽交い絞めにして取り押さえ、手足を拘束して動けないようにしちゃったんです。

「お、おい、おまえら！　こんなことしてただで済むと思って……んぐっ！」

そう喚きたてる口にタオルみたいなものが突っ込まれ、ダーリンはあえなく黙らされちゃいました。

すると二人のうちの一人が言いました。

「まあまあ、大人しくしてれば痛い目にはあわせないからよ……なあ、頼むよ、兄ちゃん？　俺らただ、このイケてる姉ちゃんとちょっとイイことしたいだけだからよ」

どうやら私とヤリたいがための犯行（？）のようです。

ああ、それにしても、エッチに夢中で彼らが近づくことに気がつかなかったなんて、私たち、なんてぬかってたんでしょう？　バカバカバカッ！

でも、今さら悔やんでも、もうどうしようもありません。

Tシャツ一枚だけの下半身スッポンポンという情けない格好で、ただ横たわってるしかないダーリン……私はといえば、やはり同じくタンクトップ一枚のみでアソコは丸出し……そして、いきなりの出来事によるショックと恐怖で、口を開くことも逃げ出すこともできず、ただ呆然としてるだけ……。

「うん、肝心の姉ちゃんのほうは、おとなしくイイ子みたいだな」

「おりこう、おりこう。ごほうびにこれから、俺らでう～んとキモチいいことしてやるからな」

二人が口々に言いながら、私に近づいてきました。

ちらりとダーリンのほうを見ると、その表情から、いかにも悔しそうだけど、『おとなしくしてろ』というメッセージみたいなものが伝わってきました。

もうこのまま、彼らの好きにさせるしかないようです。

私は覚悟を決め、彼らの手に抱かれました。

最後に一枚残っていたタンクトップを頭から脱がされ、いよいよ素っぱだかにされた私の胸に一人がむしゃぶりつき、オッパイを揉み回しながら、乳首を舐め回し、口に含んでチュウチュウ、チュバチュバと吸ってきました。

そしてもう一人は、私の両脚を左右に大きく開くと、その中心に顔を突っ込み、股間の茂みを舌で掻き分けながら、アソコの肉びらを舐めしゃぶり、肉豆をジュルジュルと吸ってきて……ヤ、ヤバイッ！

同時に二人の男から、オッパイとアソコという敏感な部分を責め立てられるなんて、そんな経験生まれてはじめてで……ついさっきまでショックと恐怖で固まってたというのに、私のカラダはそのあまりの刺激的すぎる快感にほぐされ、反応し始めちゃってたんです。

「んあっ、はぁっ……あっ……」

「うおっ、ほらもう乳首ビンビンにおっ立っちまってるぜ！」

「ああ、マ○コのほうも、もうビックリするくらいビショビショだぁ！　こりゃとんでもないインランかもなあ。なあ、兄ちゃんよお？」

そう急に話を振られ、なんとも複雑な表情のダーリン。

私もそんな彼に、自分のこんな情けない姿を見られるというジレンマに身悶えしながら、でもどうしようもありません。

「ああ、俺もうガマンできねえ！　姉ちゃん、しゃぶってくれや！」

「うほっ、じゃあ俺は先にマ○コに突っ込ませてもらうぜ！　ラッキー」

二人とも下を脱ぎ、怖いくらいにいきり立ったデカブツをさらすと、一本は私の口に突っ込まれ、もう一本はアソコに突き入れられてきました。

ズンズン、ヌプヌプと挿入され、その快感に煽られるままにごく自然に口内のモノをしゃぶり上げ、吸い立てて……際限なく昂っていくその興奮の無限ループの中、私は二度、三度とイキ狂っちゃったんです。

「うおっ、じゃあ俺らもそろそろフィニッシュといこうか、なあ相棒？」

「……おうよ！　ぶっ放すぜいっ！」

彼らは足並みを揃えるかのようにほぼ同時に射精し、私を容赦なく汚しまくると、さも満足そうな顔をしながら去っていきました。

見ず知らずの男たちに犯されイキ悶えてしまったはしたない私と、それを指を咥えて見ているしかなかった情けないダーリン……今ではお互いにとっての封印案件として、なかったことになっているヒミツの体験なんです。

■生まれて初めて同性に乳首を吸われる感触は、たまらなく妖しい快感があって……

女二人の温泉旅行でまさかの新しい性の世界が開けて！

投稿者　新垣ゆいな（仮名）／27歳／パート

ある日、パートの先輩の紀香さん（三十一歳）から、こんなお誘いを受けました。

「この間、近所の商店街の福引で、一泊二日のペア温泉旅行券が当たっちゃったんだけど……新垣ちゃん、一緒に行かない？」

「……えっ、私？　何でですか？」

というのが、そのときの私の第一声。

だって紀香さんとはそんなに親しいわけでもなかったから、正直とっても意外だったんです。でも、彼女はそんな私のとまどいを気にする様子もなく、

「泊まるホテルもけっこういいとこみたいで、普通に行こうとすると往復の交通費なんかも含めて、一人あたり五万近くかかるみたいよ？　すごくない？」

と話を続け、私ときたら根が貧乏性なもので、「ご、五万……!?」と、その豪華さに目が眩んでしまい、いとも単純に、こりゃ行かなきゃ損だ！　とばかりに、

「う、うん、行きます行きます！　私も連れてってくださぁい！」

という話になっちゃったというわけです。

まあ、それがまさか、あんなことになるとは思いもせず……。

家に帰って夫に話すと、「ああ、いいよ。行っといで」と、いともあっさりとお許しをもらい……まあ、そりゃそうよね。この人、もう大して私に興味なんてないんだから……はい、私たちの夫婦関係って、結婚二年目にしてすでにそんなふうに冷め切っちゃってたんです。もうここ三ヶ月くらいセックスレスだし……。

ということで、あれよあれよという間に、翌週の土日を使って紀香さんと二人、温泉旅行に行くことになりました。

午前中遅くの新幹線で東京を出て、おいしい駅弁を食べてワイワイしながら海浜の目的地に着いたのは午後二時頃。一泊ということでそれほど大荷物でもなかった私たちは、そのまま界隈のいくつかの観光スポットを巡り、結局ホテルにチェックインしたのは午後六時近くでした。

「夕食の前に温泉入っちゃおうよ」

と、一時間以上大浴場でゆっくりと温泉を愉しんだ後、私と紀香さんは湯上がりの浴衣姿のまま広いレストランへ向かい、豪華でバラエティに富んだ山海のごちそうが並んだビュッフェ形式の食事をたっぷりといただきました。別オーダーで生ビールも頼み、二人で乾杯して中ジョッキ一杯ずつを空けて、い～いかんじで気持ちよく酔って……部屋に戻ったのは夜の十時少し前のことです。

「ん～～～っ、お腹いっぱーい！」

「おいしかったですね～～～！」

部屋はツインでベッドが二つ並んでいて、私と紀香さんは二人向き合う格好でそれぞれのベッドに座りながら、キャイキャイと夕食の感想を言い合いました。

でも、一旦そのにぎやかなやりとりが途絶えた次の瞬間、思いがけないことが起こりました。

「ねえ、新垣ちゃん……いえ、ゆいなちゃん……」

おもむろに紀香さんが私のことを名前で呼んだかと思うと、向こうのベッドを立って、すっと私の隣りに座って……浴衣越しにまだほんのりと温泉で温まった肌の火照りを感じさせながら、体をぴったりと寄せてきたんです。

そして思わぬことを語りだしました。

「あのね、正直に言うね。今日、こうやってゆいなちゃんを温泉旅行に誘ったのは、私の本当の気持ちを伝えるためだったの」

「……はあ、本当の気持ち……ですか？」

「うん。それはね……ゆいなちゃんのことが好きだってこと」

「……え、ええっ……!?」

思わず驚きの声を発した私の口を、すばやく紀香さんの唇がふさぎ、同時に体に両手を回してきつめに抱きしめながら、舌と舌をからめてきました。チュウチュウ、ジュルジュル、ヌチュヌチュと、なまめかしくうごめく舌に唾液を吸いむさぼられながら、私はなんだか意識がとろけたようになってしまい……や、やばい、と思って体を離そうとするのだけど、紀香さんの意外なほど強い力にしっかりとホールドされて、それもかないません。

「……んんっ、んぶ、じゅるじゅる、んぐんぐ……ああ、ゆいなちゃんのツバ、甘くておいしいわあ……」

そう言う紀香さんの口は、喫煙者らしくうっすらとタバコの匂いがしました。

でも私は、それがイヤなどころか、実は夫もタバコを吸うもので、まるで久方ぶりに夫からカラダを求められているような気分にさえなってしまって……これまで考えたことすらなかった、同性からこんなイヤラシイ行為をされながらもまったく嫌悪感みたいなものを感じず、次第に昂りすら覚えるようになっちゃったんです。

「ああ、ゆいなちゃんも受け入れてくれるのね、嬉しいわ」

今や自分のほうから紀香さんにしがみついてしまってる私を、彼女はそう喜びながら、今度は浴衣の袂から手をすべり込ませて素肌の胸に触れてきました。私の大きく丸い乳房をヤワヤワ、ムニュムニュと揉み込み、乳首を軽く引っ張りながらこね回してきて……。

「んっ……あ、ああっ、はぁ、ふぅ……」

その絶妙の指使いに、思わず甘くせつない喘ぎ声が漏れてしまいます。

「ああ、ゆいなちゃんの胸、想像してたとおりふっくら柔らかくて、もうサイコー！私、貧乳だから、ホントうらやましいわあ。じゃあ、今度は味見しちゃお！」

紀香さんはもうすっかりタガが外れたようになると、私の浴衣の帯をほどいて前を大きくはだけさせ、自分も同じようにしてスッポンポンの姿になると、私をベッドの上に押し倒してガバッと覆いかぶさってきました。

そして、私の乳房をさらに激しく揉みしだきながら、乳首をチュウチュウ、チュパチュパと舐め吸ってきて……！

「んあひぃっ……んくっ、んあっ、はぁっ……あぁん！」

生まれて初めて同性に乳首を吸われる感触は、柔らかい中にもたまらなく妖しい快感があって……男とはまた違った、とても素敵な味わいでした。

そうこうするうち、紀香さんの指が私の股間を探ってきて、

「……あ、ゆいなちゃんのここ、もうこんなになってる！」

いかにも嬉しそうにそう言うと、今や恥ずかしいくらいにぬかるんだ私の肉ひだの、さらに奥深くにまで突っ込んで、ヌジュヌジュと掻き回すようにしてきました。

「ああっ、あん、はぁっ……あっ、んあぁっ……！」

私はさらに大きなヨガリ声で悶えながら、自分でも信じられないことに、自ら紀香さんの股間に手を伸ばして愛撫していました。ソコはもう、私に負けず劣らず濡れ乱れ、見事なまでのツユだく状態です。中指、人差し指、薬指……と、一本ずつ増やしながら、合計三本の指で奥を掻き回してあげると、紀香さんは腰をビクビクと震わせて悦び喘ぎました。

「あ、ああっ……ゆいなちゃん！　いい、いいわぁっ……あ、ああっ！」

二人が垂れ流したすごい量の愛液で、ベッドのシーツはグジョグジョに濡れ汚れて、それはもうひどい状態でした。でもそんな中、紀香さんはさらに行為をエスカレートさせてきて、

「さあ、ゆいなちゃん、今度はあなたの瑞々しい果肉を味わわせてぇっ！」

と言いながら私の股間に顔を突っ込んでむしゃぶりつき、濡れた肉ひだを吸い、舌で奥のほうまで掻き混ぜてきました。

「あ、ああん！　ひ、ひぃぃぃ……んあぁぁ〜〜〜〜〜っ！」

その最高の快感に喜悦の悲鳴をあげながら、私のほうも、もうじっとしてはいられませんでした。体を起こしずらして、シックスナインの体勢に変えると、自ら進んで紀香さんの股間に食らいつき……生まれて初めて、他人の女性器をしゃぶり舐めていたんです。濡れそぼちながらもプックリと膨らんだクリトリス……南国の毒花のように淫靡に花弁を開くヴァギナ……それは意外なほどに臭みもえぐみもなく、むしろ甘美な食感は、この先ずっと忘れがたいものになるのでしょう。

そうやって、私たちは夜中の十二時すぎまで愛し合い、求め合って……へとへとになるまでイキまくりました。

紀香さんは実は男も女もイケるバイセクシュアルで、私のことをずっと狙っていたのだと言います。この先もこんな付き合いが続くかどうかはわかりませんが、私の中にも新しい性の世界が開けたことはまちがいありません。

■先生はようやくペニスの根元から輪ゴムを外して俺の性感を解放してくれて……

女医との生き地獄セックスでまさかの一リットル射精？

投稿者　宇津野圭祐（仮名）／29歳／無職

先月、上司とつまらないことでぶつかって、勢いで会社を辞めちゃって……今、俺はしがないプータローの身なんだけど、とりあえず失業保険が給付されるまでの三ヶ月間、何とか食いつながなきゃってことで、出会い系でお金持ってそうなマダムを捕まえて、逆援交で小銭を稼ぐことにした。エッチについては、モノもテクもちょっと自信があるんだよね。

自分で言うのもなんだけど、顔もまあまあイケてるもんでそれなりに需要はあって、週に二、三人の相手と交渉成立できる感じ。これで一回につきもらえる金額が三万ぐらいだから、まあまあの稼ぎにはなる。

そんなふうに、つい先週マッチングして直接会うことになったのは、三十三歳のなかなかきれいな女医さんだった。ご主人は彼女が勤める病院の院長先生だそうで、そりゃもう夫婦してさぞ稼いでるんだろうねー……私を満足させてくれれば五万出してあげるわ、だって。

いやー、一回のエッチで五万はでかいよね。俺、がぜん張り切っちゃった。

待ち合わせして、ホテルへ行って……とりあえず一緒にシャワーを浴びて、お互いの気持ちいいところを特に入念に洗いっこしたんだけど、女医先生、きれいなだけじゃなく、すげーナイスバディなもんでびっくりしちゃったよ。こりゃ俺としてもがぜんヤル気が出るっていうもんだ。

そしていよいよベッドイン・タイム。

俺と先生はお互いに軽くまさぐり合い、愛撫し合ったあと、俺はまずは得意の舐めテクで、先生の性感をとろけまくらせてやろうとしたんだけど、

「ちょっと待って。ここから先は私の好きにさせてもらえる?」

ときたもんだから、そりゃ俺としては仰せのままにするしかないわけで。

「あ、はい、わかりました。で、俺はどうすればいいですか?」

そう訊くと、先生はにっこり笑って、

「四つん這いになって、私のほうにお尻を向けて」

「えっ、お、お尻ですか……?」

俺はエッチのとき、そんなこと言われたことがないもんで、ちょっととまどったけ

ど、なんとか羞恥心を抑えつけて言われたとおりにしたわけ。

「あら、あなたきれいなお尻してるのね。かわいいわ」

先生はそんなことを言いながら、俺の見えない後ろのほうで何やらゴソゴソ……してたかと思ったら、いきなり俺をとんでもない衝撃が襲った！

「うっ！　……うぅ、んぐぅ……！」

なんと俺のアナルに先生の指（たぶん中指）が挿入されたらしく、グリグリと内部を掻き回しながら、徐々に奥のほうへと掘り進んできて……！

「んあっ、ああ……ちょ、ちょっと……な、何をっ……？」

俺はその、痛いといえば痛いけど、キモチいいといえばキモチいい……アナルを満たしてくる、そんなえも言われぬ感覚に悶え喘ぎながら先生に訊くのだけど、

「うふふふ、いいからいいから、もうちょっとガマンしてて」

としか答えてくれず、俺はひたすら悶絶するだけ。

でも、次の瞬間、

「あっ！　ここ、ここ！　あなたの前立腺、見ーっけ！」

先生は嬉しそうに、そう一声発すると、さらなる衝撃が俺を襲って！

「……あぁっ、あ、あああ……あひっ……！」

俺はそれまでとは明らかに違う、よりディープで強烈な刺激に翻弄されながら、にわかに下半身がカーッと燃えるように熱くなっていくのを感じた。

「うわっ、ほらほら！　あなたのオチン○ン、信じられないくらい、いきり立ってきちゃったよ！　すごい、ステキ！」

そう、先生が俺に施していたのは、俗にいう『前立腺マッサージ』だったのだ。

「うふふ、私の専門、『泌尿器科』と『肛門科』だって言ってたっけ？」

しかも、風俗嬢以上に前立腺のことを知り尽くし、より効果的にそれを刺激する術に精通しているという……お尻のプロフェッショナルだったのだ！

首を下げて、四つん這いになった自分の股の間から覗き込んでみると、俺のペニスはこれまで見たこともないほどの勢いで勃起し、「俺のチ○ポって、こんなにでかかったのか！」とマジで感動しちゃったくらい。

そんなペニスを、背後からやさしくしごきながら、先生が言った。

「ごめんね、有無を言わせずこんなことしちゃって。でも、しょうがないのよ……うちの夫ってば私より二回りも年上なもんで、もう何をどうやっても満足に勃《た》たなくって……私、とにかく固くてデカいチ○ポに飢えてるの！」

俺は納得しつつ、

「そうだったんですね、それは気の毒に……わかりました！　じゃあ俺、全力を尽くしてこの勃起デカチ〇ポで先生のこと、愛させてもらいますから！」

と言いながら、身を起こして先生に覆いかぶさろうとしたんだけど、まだまだ、という感じで制されちゃったよ。

「お願い、入れる前に、もっともっと私にこの勃起デカチ〇ポ、味わわせてっ！」

先生はそう言うと、次に太く強靭な輪ゴムを取り出してきて、何をするかと思えば、それを使って俺の勃起ペニスの根元をきつく締め付けてきた。

「さあ、これでそう簡単には射精できないわよ」
マ、マジか……っ！
「いっただっきまーす！」

そう言って、先生は仰向けになった俺の股間にむさぼりつくと、さも美味しそうにチ〇ポを、タマをしゃぶり始めた。有無を言わせず勃起させてくる前立腺への責めとは違って、今度は正攻法でねっとりと性感を刺激されてるわけで、俺はその快感に悶えよがった……が、ギリギリのところで輪ゴムに精流を遮断されて、射精できない！

「ううっ……あ、ああっ……せ、先生、お、俺、おかしくなっちゃいそうです～！」

「だめだめ、まだよ！　もっとオチ〇ポ、味わわせてぇっ！」

いや～っ、マジ、ナマ殺しの生き地獄だったな～……。

結局、そうやってあともうたっぷり三十分ほどもしゃぶられただろうか？

ようやく先生もチ○ポしゃぶりに満足したようで、ペニスの根元から輪ゴムを外して俺の性感を解放してくれた。

「さあ、その限界まで固く大きくみなぎった勃起チ○ポで、私のオマ○コ、めちゃくちゃに犯してぇ～～～っ！」

「はいっ、了解で～～す！」

先生はちゃんとピルを飲んでいるということで、ゴムなしのナマでハメた俺は、狂ったように先生のマ○コを突きまくり、掘りまくった。

「あ、ああっ……いいわぁ……イクイク……んあぁ～～～～～っ！」

「あ、ああっ……お、俺もっ……くはぁっ！」

俺はついに念願の射精を果たし、溜まりに溜まりまくったザーメンをドクドクと先生の中に注ぎ込んだわけだけど、マジ感覚的には一リットルくらい出ちゃったんじゃないかと思ったくらい、そりゃもう気持ちよかったよ。

■私はさも手がすべった風を装いながら、水中で彼のモッコリに触れて……

イケメンだらけの水泳教室でステキに快感ダイエット！

投稿者 倉沢星羅（仮名）／36歳／専業主婦

私、もともとナイスバディなプロポーションには自信があったんですけど、某大手一流企業勤めの夫と結婚して以来、彼の高収入のおかげでパートとかであくせく働く必要もなく、余裕の専業主婦ライフを送ってるうちに、ちょっとカラダに余分なお肉がついてきちゃったみたいで……。

なんか夫が夜の営みを求めてくる頻度も、以前に比べるとグッと減ってきちゃってる気がして、これはいかん！　と。このままじゃいつになっても子供なんかできやしないし、それ以前に私の欲求不満も溜まる一方だわ、と一念発起。往年のプロポーションを取り戻すべく、ダイエットのため、つい最近、近所にできたスポーツクラブの水泳コースに通うことにしました。

私が選んだのは、いつでも何度でも泳ぎに来ていいし、その都度電話予約で好きなインストラクターを選んでいいというプレミアム・コース。入会金は十万円、月会費は三万円とちょっとお高いけど、うちの家計的にはまったく無問題。

というわけで、私は「よーし、見てろよ、夫！」と鼻息も荒く、血気盛んに（？）通い始めたわけですが、いきなりびっくりしてしまいました。

だって、そこの男性インストラクターの誰もかれもが、超イケてるんですもの！　水泳で鍛えてるから魅惑のマッチョボディなのは当然として、みんな揃いも揃ってイケメンで……しかも、ピッチリ競泳用水着のアソコは思わずヨダレが出そうなモッコリ具合ときた日には、いやこりゃたまりませんなー！　みたいな。

私は、最初のうちこそまあ真面目に水泳指導を受けていたものの、そのうちそんなのそっちのけで、日々、彼らとのイケナイ講習タイムに溺れるようになってしまったんです。

まず最初のターゲットは二十七歳のタケル先生。

その名のとおり、イケメン俳優の佐○健似のマスクに、若く張りのあるしなやかボディということで、私は一目見た瞬間にもうメロメロ……初回の指導から貪欲にアタックしていきました。

まずは基本のバタ足指導です。

立ち姿勢のタケル先生に両手を持ってもらい、私は水中で体を浮かせてバチャバチャとバタ足運動に励むわけですが、そうしながらゴーグルを通して見えるすぐ眼前には彼のモッコリ股間が。私は「あっ」と、さも手がすべった風を装いながら、離した片手で水中のモッコリに触れ、撫でさすります。

「えっ……?」と一瞬、タケル先生の困惑の声が聞こえましたが、私があえてその行為をやめようとしないことに真意を察したかのように、自分のほうから腰を突き出して、私の顔に近づけてきました。生徒さんからのこういうアプローチ、けっこうあるのでしょうね。彼はそれなりに慣れた様子でふるまい、グリグリと私の唇にモッコリを押しつけてきます。再び両手を持ってもらった私は、しばし顔をうごめかせて水着の生地越しのそのモッコリの肉感を愉しんでいましたが、そうされて怖いくらいに硬く張り詰めていく内部の様子を想像してたまらなくなり、ザバッと水中から顔を上げて体を起こすと、彼の手を引き、場所を移そうと誘いました。

タケル先生はうなずくと、「じゃあ、ちょっと休憩しましょうか?」と言いながら、私を連れてプレミアム会員専用の完全個室シャワールームへ。

そこに入り栓をひねって、シャワーの水流が噴き出しだすや否や、私は彼の前にしゃがみ込み、きつく体に張り付いた競泳用水着をグイグイと剝いて引き下げ、ブルンと勢いよく飛び出した勃起ペニスを咥えました。

亀頭を飴玉のようにねぶり回し、肉竿から玉袋にかけて舌をからみつかせながら、何度も何度も上下に舐め上げ、舐め下ろし……激しいシャワーの水流にまみれながら無我夢中でそうしていると、私のカラダも熱く火照り、アソコは心臓の鼓動のように脈打ちだして……淫らな陶酔の中で思わずトリップしそうになってしまいました。

タケル先生はそんな私の体を持って立たせると、私にペニスをしごかせながら、私のスクール水着のようなシンプルな黒い練習用水着の裾から手を忍び込ませ、ビショ濡れの乳房を揉み、もっとビショ濡れの（笑）アソコをまさぐり、指で掻き回してきました。そうやって狭いシャワールームにむせ返るような淫靡な熱気が充満する中、私たちは立ったままお互いにフィニッシュを迎え、私は慌てて再びしゃがみ込むと、あられもなくイキ悶えながら、彼の出したタップリ濃厚な精液をゴクゴクと飲み下したのでした。

もちろんそのあと、タケル先生とは改めて外で会い、心ゆくまで本番のセックスを愉しんだのは言うまでもありません。

そんなふうに気に入った若手のインストラクターを次々と食っていったあと、一味違ったターゲットが、ベテランの三十一歳、ヒデアキ先生でした。

もちろん、他の皆と同様イイ体をしているのですが、彼は勢いと体力だけの若手とは異なる『オトナの包容力』のようなものがありました（といっても、私より年下ですが……）。

ヒデアキ先生は私の肉体的誘惑にすぐ応えるのではなく、まずはじっくりと話を聞き、その上で愛してくれるんです。

私の夫に対する不満を聞くと、「それはきっと、ご主人のほうにもなかなか言いだせない事情があるんですよ」と親身に話してくれて、そんなふうにある程度心を通じ合わせた上でするセックスは、これはこれで味わい深いものがありました。

とはいえ、その巨根は私がこれまで相手をしてきたどんな男のモノよりすごくて、私は全長二十五センチはあろうかというソレがメリメリと体内に入ってきたとき、マジアソコが裂けちゃうんじゃないか、子宮がこわれちゃうんじゃないかとビビるくらいの衝撃でしたが、そこからのヒデアキ先生の交合はと〜ってもソフトでやさしくて……私はまるで大きなゆりかごで揺られているかのような心地よいリズムの中で酩酊するうちに、徐々に激しく力強くなっていった巨根ピストンをこれでもかと全身で受け止めて……！

「んあぁ、あっ、あひ、ひぃ……ヒ、ヒデアキ先生〜〜〜っ！」

「ああ……星羅さんの中、チ〇ポがとろけちゃうぐらい気持ちいいですよ……う、うう……もう、イキそうだ……」

「ああん、私の口の中に出してぇっ……んあっ、はぁ～～～！」

そして口内に発射された彼の精液のあまりの量に、私はマジ溺れ死んじゃうんじゃないかと思ったくらいビビりながら、チョー極上のオーガズムを味わうことができたんです。

あ、あと、一回だけだけど、女性インストラクターともエッチしました。これは彼女のほうから誘ってきたんですけど、私、これまでレズエッチって未経験だったもんで、ほんの興味本位で。まあまあよかったけど、その一回だけでもういいかなって感じでした。やっぱり私は男が好き！

こうして今、水泳を習い始めて半年が経とうとしてるんですけど、泳ぎとエッチのダブル・ハードな鍛錬のおかげで現在、見事に五kgのダイエットに成功！　おかげで夫も、前よりは私とのエッチを求めてくれるようになりました。

さあ、まだまだダブル・ハードにがんばって、もっと素敵に絞っていくわよ！

■舅の舌の肉感とうごめきがもたらす待望の快感に、私はあられもなく悶え乱れ……

舅の夜這いを受け入れ、その強靭な怒張で悶え乱れた私！

投稿者 佐久間エミ（仮名）／30歳／専業主婦

それは、その日までごくごく平凡で善良な人生を歩んできた私にとって、あまりにも衝撃的すぎる体験でした。

夜中、言い知れぬ重苦しさを覚えて布団の中で目を覚ました私の上には舅が覆いかぶさっていました。そしていつの間にやら掛け布団は取り除けられ、パジャマの前ボタンを外され前をはだけられた私の胸を……敏感な乳首の先端をチロチロとヘビのような舌で舐めていたのです。

「……えっ！　お、お義父さん……な、何をっ……!?」

私は思わずそう声をあげていましたが、体のほうはまるで金縛りにあったかのように動きませんでした。

舅はまるで悪びれることなくやさしげな笑みを浮かべると、柔らかく私の乳房を揉みしだきながらこう言いました。

「まあまあ……いいんだよ、エミさん、自分に正直になって。本当はうちに嫁いでからずっと、ワタシにこうしてほしかったんだろ？　ん？」

「そ、そんな……お義父さん、何言って……んあっ……」

私の抗弁の言葉は、きゅっと摘ままれた乳首への甘美な刺激によってさえぎられ、代わりに自分でも恥ずかしくなるような喘ぎが喉からこぼれてしまいました。

「ああ、なんて白くなめらかで美しい乳房なんだ……それに対して可愛い乳首は濃いめのピンク色で鮮やかに映えて、しかも甘くておいしい……」

「はひっ、あ、あぁぁ………」

乳房への揉みしだきを徐々に強めながら、遠慮なく責めてくる舅の舌にネロネロと乳肉を食まれねぶり回され、乳首をチュウチュウ、ニュパニュパと吸い立てられ……そのあまりにも悪魔的な快美感に陶酔していきながら、私は過去を思い出し、そう言われればたしかにずっと、お義父さんのことを求めていたのかもしれないと考え始めていました。

交際していた会社の同僚の英治さん（三十三歳）との結婚を決め、初めて彼の実家に挨拶に行ったのは、ちょうど今から一年前のことでした。築四十年という木造住宅は確かに古くはあったけど、その小さな庭も含めて丁寧に手入れが行き届いていて、不思議と心が安らいだのを覚えています。

英治さんの母親はその前年に病気で亡くなり、一人息子の彼は父親の章太郎さん（六十二歳）との二人暮らしでした。

「はじめまして、エミと申します。ふつつかものですが、嫁としてがんばりますので、どうぞよろしくお願いします」

「まあまあ、そうかしこまらないで。こちらこそ、こんな男二人のむさい家に嫁いでくれるなんて、嬉しい限りだよ。よろしくね」

舅は初対面のときからとてもやさしく、実は早くに父親を亡くしていた私は、その愛しい残像を重ね合わせるかのように、たちまちのうちに心を許し、ほのかな憧れすら抱くようになっていました。

その後まもなく寿退社し英治さん宅に嫁いだ私は、朝は彼を勤めに送り出し、その後は二年前に市役所を定年退職した舅の世話や家事にいそしむという、穏やかかつ充実した専業主婦生活を送っていたのですが、ほどなく、そんな日々に徐々に暗雲が立ち込めてきました。

会社で大きな仕事を任されたものの、その期待に応えられず、あえなくプロジェクトを頓挫させた英治さんが、なんと鬱病を発症させてしまったのです。幸いしばらくの通院と自宅静養で症状は改善され、再び出社できるようにはなったのですが、心身ともに以前の健康状態を取り戻すにはまだほど遠く、会社では当たり障りのない仕事しかやらせてもらえず、家に帰ってきてもほとんどしゃべらず、自室で一人ふさぎ込むばかりという有様で……。

そして新婚の私として何よりつらいのは、彼が完全にセックスレス状態になってしまったことでした。鬱病の症状の一環なのか、気持ちも奮わず、肉体的にもアレがピクリとも立たないのだといいます。私は、このままでは嫁の責務ともいえる子供をもうけることもできないという焦りとプレッシャーに苛まれ、また否定しがたい肉体の欲求不満に日々悶々とするという、女としての地獄状態に落ちてしまいました。

でも一方で、現役を引退したというのに、舅は週三でスポーツクラブに通って水泳や筋トレに励むという元気はつらつぶりで、肉体は頑健そのもの。地域の自治会活動にも積極的に取り組む明朗快活ぶりで、英治さんとの明暗は歴然……私はいつの間にか否応なく、舅のことをまぶしい目で……いえ、正直にいうと物欲しげな目で見るようになってしまっていたのです。

そんなあるとき、英治さんが二泊三日の日程で九州出張に出向くことになりました。あくまで上司の補佐という立場ですが、それでも少しでもやりがいのある仕事を任されたということで、ずいぶんと明るい表情で家を出た彼を、私は本当に喜ばしい気持で見送りました。

　こうして、嫁いで以来初めて、家には私と舅の二人だけという状況になったその夜、ことは起こってしまったのでした。

「……んあっ、あ、ああ……」

　私の上半身を責めていた舅は、唾液のあとをヌラヌラとお腹からヘソにかけて残しながら徐々にその舌を下半身へと移していき、パンティごとパジャマ下を脱がし去ると、あらわになった下腹部に狙いを変えてきました……が、すぐにその中心をとらえることなく、まずは焦らすように私の内腿から股下にかけてを舐めてくるのです。舌が膝部分辺りから徐々に股間のほうへと這い上がっていくと、性感がゾクゾクと高まり、私はもうどうにもたまらなくなって……でも、結局アソコは舐めてくれず、また膝のほうへと舌は下がっていき……これを何度も繰り返されるものだから、その生殺しのように狂おしい、中途半端な快感が私の性感をこれでもかともてあそぶのです。

「んあっ、はっ……あ、ああん……」

「ずいぶんせつない喘ぎ声だね、エミさん……いい加減、エッチなアソコを直接舐めてほしくて仕方なくなってるんじゃないのかい？　ん？」

そう意地悪げに言葉責めしながら、舅は私の濡れそぼった陰毛にフーッと熱い息を吹きかけてきました。私はたまらずビクンと身を震わせ、

「あはぁっ！　あん、ああ……お、お願いです……もう焦らさないで……オマ◯コ、直接舐めてくださいっ！　お義父さん！」

とうとう恥も外聞もなく、そう叫んでいました。

「よしよし、いい子だ。やっと素直になったね。お望みどおり、いっぱいいっぱい舐めてあげるよ」

そしてやさしげな声でそう言うと、舅は私の両脚を左右にグイと広げ、ぱっくりと大きく口を開けたアソコを舌で激しくえぐり掻き回してきました。もうすっかり濡れとろけていたソコは、そうされることでグチュグチュ、ヌッチャヌッチャ、ニュチョニュチョと、とんでもなく恥ずかしい淫音を響かせました。

「んあぁ、あひぃ、ひっ……くはっ、あん、あはぁあっ……」

舅の舌の肉感とうごめきがもたらす待望の快感に、私はあられもなく悶え乱れた挙句、ついに最後の一線越えを乞うていました。

「あっ、はっ、ああっ……お、お義父さん……おねがい……お義父さんのアレ、入れてくださいっ！　私のここ、思いっきり突きまくってくださいっ！」

するとと舅は、待ってましたとばかりに下半身裸になると、すっかり立ち上がったペニスをさらし、私に見せつけるようにして言いました。

「ああ、突きまくってやるとも！　不甲斐ない息子の分まで、エミさんのオマ◯コがぶっ壊れるくらい激しく、いっぱい犯してあげるよ！」

そして舅のたくましい怒張が私の肉ひだを穿って入ってきた瞬間、私はそのあまりの快感の衝撃に、轟くような喜悦の悲鳴をほとばしらせていました。

「あ、ああ、あぁぁ〜〜〜〜〜〜〜〜っ！　イイ、イイッ……んあっ、あひっ、ひぃっ……死ぬ死ぬ、死ぬ、死んじゃう〜〜〜〜〜〜っ！」

「ああっ、エミさん……エミさん〜〜〜〜〜！」

舅の精が勢いよく胎内で炸裂するまでの間に、私は四、五回ほどもイキまくり、そのあともしばしの休憩を挟んで、今度はもっとじっくりと愛してもらいました。

こうして怒濤の中出しを受け入れてしまったものの、幸いにも妊娠はしておらず、ほっと一安心。その後はちゃんと避妊しつつ、私は背徳感と良心の呵責に苛まれながらも、舅との密かな関係に溺れる日々を送っているのです。

■彼はあたしのソコを舌で掻き回し、溢れんばかりの愛液を啜り上げてきて……

パチンコ屋で出会った彼との行きずりの情事にとろけて

投稿者 大林詩織（仮名）／33歳／パート

その日、近所の機械部品製造工場でのパート勤務を終えた午後四時すぎ、あたしは前日の夫とのやりとりを思い出し、むしゃくしゃする気分を少しでも晴らしたいと、いつものパチンコ屋へと足を向けていた。


まったく、あの甲斐性ナシときたら……夏のボーナスは期待できなさそうって、じゃあいったい、マンションや車のローンとか、どうやって払えばいいっていうのよ⁉

夫の勤める会社は中小企業もいいところで、ただでさえ安月給なのに、さらにボーナスまで無いなんていったら、うちの家計、もうお先真っ暗だわ……。

とまあ、たいていこんなふうにネガティブな気分で台を打つときは、ろくな結果にならないものだけど、その日も案の定、玉は台に吸い込まれていく一方で、またたく間に手持ちは無くなり……あたしは「ハア～ッ」と一つ深いため息をつくと、早々に退散すべく椅子から腰を上げようとした。

するとそこへ、横からにゅっと出てきた手が、カラッポになったあたしの台の玉受けトレーに、ひと掴みほどの玉をザザーッと流し入れてきて。

「えっ？」と思って、その相手の顔を見ると、ちょっとヤーさんファッション入った服装の四十がらみの男が、そのなかなか男前の顔をニコッと意外にかわいく微笑ませて、こう言った。

「よかったら、それ使ってよ。おねえさん、俺の好みだから、もうちょっと隣りで打っていいたいなーって思ってさ」

あたし、自分で言うのもなんだけど、顔もカラダもまあまあイケてるほうなもので、スケベ心からか、こうやって玉を都合してくれる殿方がけっこうよくいるんだけど、この彼ほどドストライクな相手はそうそういなかった。

（うっわ、すっごい好きなタイプ！）

「えーっ、いいんですかー？　うれしーっ、ありがとうございますー！」

あたしは精いっぱいカワイコぶりっこしてそう応えると、彼と何気ない会話を交わしながら、もらった玉で遊びつつ、

（できれば、ちがう玉でも遊びたいなーっ……なんて！）

などと、どうしようもないエロ夢想に耽る始末。

だって、せちがらい家計に圧迫される厳しい雰囲気は、そのまま夫婦の夜の関係にも悪影響を及ぼして、あたしと夫の間はここ最近まったくの没交渉……いい加減、欲求不満も溜まってたんだもの。

するると、そんなあたしのホンネが伝わったからかどうか、彼が、

「ねえ、よかったらこのあと、メシでも食わない？」

と水を向けてきて。もちろん、あたしは秒で答えてた。

「うん、食います、食います！」

どうせ夫は今日も、一円にもならないサービス残業のせいで帰りも遅いに決まってる。だったら、このイケてる彼のゴチで美味いモノ食べて、さらにできれば彼の別のモノも食べさせてもらえたら、そのほうがいいに決まってるじゃん！

というわけで、それから三十分ほどパチンコ屋で遊んだあたしと彼は、彼が行きつけだというお寿司屋さんへ行き、美味しいお寿司をたらふく食べて、ほどほどにお酒も飲んで、あたしはもう大満足。となれば……。

さて、じゃあいよいよ、アッチのほうも満足させてくれるのかな？

……という物欲しげな期待をこめて彼の目を見つめると、その顔には例の可愛い微笑みが浮かんで……「次、行こうか？」と言いながら、さりげなくあたしの肩を抱い

てくれた。

そして夜の街を歩くこと五分。あたしと彼は路地裏に佇む、今どき昭和感たっぷりの、ラブホテルというよりも連れ込み宿といったほうが似合う、こじんまりとした古い旅館の門をくぐった。

案内された部屋は、当然畳敷きの和室で、天井には今ふうのLEDどころか、今にも切れそうな蛍光灯の薄暗い灯りがまたたいてて。

う～ん、これはこれで味わい深いわね。まさに『逢引き』ってかんじ？

あたしと彼は、クラシカルなタイル張りで、まるでお家の風呂のような浴室で軽く体を洗ったあと備え付けの浴衣に着替えると、押し入れから出した布団を自分たちで敷いて、その上に二人横たわった。

どんどん高まってくる、あたしの期待とカラダの疼き。

彼があたしの浴衣の袂に手を差し入れ、乳房をやさしく撫でさすりながら、唇を重ねてきた。舌が入り込んできて、あたしのにからみつき、唾液を啜ってくる。そのうち彼の手の動きに熱が入ってきて、乳房の揉みしだきが荒々しく、力強くなった挙句、乳首をねじり上げるようにもてあそんでくる。

「ひっ！　……んあぁっ……はぁん……」

あたしは思わずせつなく喘ぎながら、自分からも手を伸ばし、彼の浴衣の裾を割って下半身のほうに差し入れると、股間に触れていった。それはもうすでに固く大きくみなぎっていて、燃えるような熱を放っていた。

「ああ、すてき……オチ○チン、舐めたい……」

あたしがそうおねだりすると、彼は仰向けになって股間をさらしてくれた。

たまらずしゃぶりついたあたしは、亀頭を舐め回し、竿をねぶり上げ、玉袋を吸い転がして、彼のモノをむさぼり尽くそうとする。

「うっ、うう……っ……ふぅ……」

せつなげな声を漏らしながら、しばらくあたしの全力口戯に身をゆだねていた彼だったけど、たまらずイキそうになってしまったと見えて、「おっと……やべっ！」と言うと、攻守交替とばかりにフェラをやめさせて、逆にあたしの体を仰向けに押し倒してきた。そしてあたしの股間に顔を埋めて、もうすっかりトロトロに出来上がっているソコを舌で掻き回し、溢れんばかりの愛液を啜り上げてきて……。

「んあっ！　はぁっ……あうっ、んくっ……んはぁっ！」

久しぶりに味わう性戯の、そのあまりの気持ちよさにあられもなく喘ぎよがりながら、あたしの欲望はいよいよ切羽詰まっていった。

「……ああん……も、もうダメッ！　たまんない！　オチ○チン、ここに……このヌレヌレに乱れたオマ○コに、ちょうだぁい……！」

そう叫ぶように言うと、彼は身を起こし、あたしの浴衣を剝ぎ取って自分も脱ぎ、あたしたちは素っ裸で合体した。

彼のたくましい肉棒があたしの爛れた肉びらを刺し貫き、その濡れた肉洞を子宮に当たらんばかりの勢いで激しく抜き差ししてきて、あたしは次々と炸裂する快感の火花の中、まっしぐらに絶頂へと駆け上っていって……、

「あっ、あっ、あっ……ああっ……くる、くる……んあぁっ！」

「ううっ……ふっ、んぐ……お、おおう……！」

とうとうイキ果てた瞬間、彼が肉棒を引き抜き、あたしのおへそを越える辺りにまでピュッ、ドピュッ！　と大量のザーメンをぶっ放した。

そしてすっかり満ち足りたあたしたちは、互いに余計な会話を交わさず、連絡先も教え合わずにそのまま別れたのだけど……またいつかパチンコ屋で、すてきな再会ができたらいいなって思っている。

第二章

背徳の快楽に蕩けた女豹たち

■男のそれは夫のペニスとは、まったく異なる迫力と質感を持ったもので……

あたしの女の人生がひっくり返った衝撃のレイプ体験

投稿者 金村みちる（仮名）／28歳／パート

あたし、今どきと～っても珍しいと思うんですけど、十八歳までずっと処女で……しかも、その処女を失わせてくれたカレとそのまま結婚しちゃったという、令和の伝説といってもいいくらいの（笑）超レア女なんです。

で、その夫（現在三十三歳）は、そうやって責任をとって結婚してくれたぐらい、男気のある人なんで、当然やさしくて、あたしのことをすっごく大事にしてくれて……あたしももうカレに首ったけで、浮気したいなんて気持ち、これっぽっちも浮かんだことがありませんでした。

そう、つまり女と生まれたこの二十八年の間で、セックスした相手は夫ただ一人というわけで、もう全然それで満足してました。今でも月に二回はシテくれるし、十分キモチいいし……だって、他の男と比べようがないんだから、そういうもんだと思うしかないですよね？

ところがついこの間、そんなあたしの女としての常識を、人生をひっくり返すような事件に遭遇しちゃったんです！

それは梅雨の真っ只中、六月下旬のある日のことでした。

あたしは、ご主人の転勤のため他県へ引っ越すという、仲のいいパート仲間の送別会を終えて、家路を急いでいました。夜の十時近かったかと思います。

早く家に帰りたかったあたしは、車通りも多く明るいものの、遠回りになってしまう国道沿いのルートを避けて、近道である人家もまばらで人気のないルートを選択し、足早に歩を進めていました。夜とはいえ蒸し暑く、次第にあたしの体はじっとりと汗ばんでいくのがわかりました。

そしてあともう少し、十分足らずで家に帰り着くという地点に差し掛かったそのとき、それは起こりました。

ちょうど角を曲がり、よりいっそう闇の深い場所に足を踏み入れた瞬間、あたしは目の前に立ちふさがった大きくて岩のように硬い人影にぶつかり、そのまま正面から抱きすくめられ、周囲に広がる雑木林の中に引きずり込まれちゃったんです。

「キャーーーーーーーッ！」

驚きのあまり、思わず絶叫してしまったあたしの口を分厚い手のひらで覆い、その野太く低い男声が言いました。

「おい、痛い目見たくなかったら静かにしろ！　どうせこの辺りにゃ誰も住んじゃいないから聞き咎められることもないだろうが、万が一ってこともあるしな……それとも顔が倍に腫れあがるほど殴られたいか？」

あたしは完全にビビりきってしまい、口を真一文字にふさいで、ブンブンブンと激しく顔を左右に振りました。

「よし……聞き分けのいいオンナは好きだぜ。しかも間近で見ると、けっこうカワイコちゃんじゃねえか。遠目に見て、いいカラダしてるのは察しがついたけど……こいつはラッキーってもんだ。ブスをヤルより、カワイコちゃんをヤルほうが燃えるに決まってる……だろ？」

いやいや、そんなこと同意を求められても……と、あたしはビビりまくりながらもツッコむという、どこか余裕めいた気持ちを持ち始めていました。というのも、この男、明らかにあたしをレイプしようとしている相手ではあるものの、その話す言葉の端々からは隠しようのない人の好さのようなものが感じられて……あたしが騒いだり抵抗しようとしたりしない限り、間違っても暴力を振るうことはないと確信できたからでした。

男はあたしの体を抱え上げ、雑木林のさらに奥へ奥へと入り込んでいくと、ちょうど一本の大きな木の下、そこだけぽっかりと地面が露出した広めの場所に、あたしを下ろしました。そして仰向けに横たわったあたしのお腹の上に馬乗りになると、薄いカーディガンを羽織った下に着ていたタンクトップをまくり上げ、ナマ乳を露出させてきました。あたしの目からも、遠くの街灯の明かりがほのかに照らすだけの周囲の暗がりの中、白い乳房がなまめかしく浮かび上がって見えるのがわかりました。

「うおっ……た、たまんねえぜ！　オンナのナマ乳を間近で拝むなんて、いったいいつぶりだ、おい!?」

男は感極まったようにそう言うと、両手で左右の乳房をむんずと摑み、ワシワシ、ムニュムニュと揉み立ててきました。その力は強く、最初こそ激痛を感じ、「うぐ！」と呻いてしまったあたしでしたが、次第にその感覚が乳肉に馴染んでくるとそれは心地いいものへと変わっていき……そこへ男の口がブチュリとむしゃぶりつき、乳房をレロレロと舐め回し、乳首をチュウチュウ、ジュブジュブと吸い啜ってきた日には、そのたまらない快感インパクトに屈し、

「んあぁっ……はっ、あぁっ……あんんん～～～～っ！」

と、喜悦の喘ぎ声をあげてしまいました。

「お、おいっ……あんまり大声あげるなよ……頼むから！」

するると、さっきは静かにしろと凄んだくせに、今度はヨがり叫ぶあたしに困ったような口調になる男を、あたしは正直、可愛いとさえ思ってしまいました。

「……だ、だって……あ、ああん……あふぅ〜〜〜〜っ！」

それでも、男の愛撫に相変わらず声をあげて反応するあたしの口をふさぐかのように、彼の分厚い唇があたしの唇を覆ってきました。そして馬乗りの体勢から降りて、開いたあたしの両脚の間に体を伸ばす格好になると、自分の股間をあたしのソレの辺りにグリグリとこすりつけながら、激しく舌をからめてむさぼってきました。

「……んぐふっ……んんっ、ぐう……くふっ……」

双方の間に下着など何枚もの布地を挟みながらも、男の固く大きくみなぎった股間が発する存在感と力感は圧倒的で、あたしはそのエネルギッシュな熱量をアソコにジンジンと感じながら悶えあがき、もはや自分のほうからむさぼるように彼の唾液を啜り飲んでしまっていました。そうやってあたしたちはお互いが垂れ流した汗と唾液まみれでグチャグチャになり、濃密にからみ合って……。

「んぐ、んぐ、んはぁっ、はっ、あぁ……！」

「はぁ、はぁ、はぁ……ああ、あ……」

そして男はようやく口をあたしの唇から離すと、あたしの服も下着もむしり取り、自分も着衣を脱ぎ去って、二人ともマッパになりました。

満を持してあたしの眼前に現れた男のイチモツは、亀頭の先から竿、そして玉袋まで今にもはち切れんばかりにパンパンに膨張し、先端から滲みしたたった透明な液体のしずくが、夜陰にキラリと光り輝くのが見てとれました。

改めてその勃起した全容を見ると、ゆうに夫の一・五倍近くあるようです。

あたしの人生におけるペニス記録が更新され、世界が一変した瞬間でした。

自ずとあたしのアソコも、熱く湿ってヒクヒクとわななくのがわかります。

男が、あたしの両脚を左右に大きく割って股間を近づけてきました。

巨大に張り出した亀頭がヌプリとあたしの肉穴を穿ち、そのまま肉ひだを掻き分けて、ジュブジュブッと肉道に侵入してきました。

「あっ、あ、あふ……んあぁっ……」

それは夫のペニスとは、まったく異なる迫力と質感を持ったもので、そのけた違いの快感の深度のすごさに、あたしはたまらず失神しそうになりました。

「お、おおう……最高に具合のいいオマ◯コだ……くう、すげ……」

「あん、あ、あひ……んあっ、はぁ……あぁん！」

男の腰の律動はどんどん速くなり、その貫きを深くしていって……いくつもの小オーガズムの火花が弾けたあとに、いよいよ最後の大オーガズムが迫ってくるのがわかりました。

「あっ、あっ、あっ……く、くるっ……んあっ、あ、ああっ……！」

「オ、オレも……オレももう……うっ……イクッ……！」

「んあああぁぁぁあああぁぁぁ～～～～～～～っ！」

最後、あたしはお腹の上に射精された男の大量のほとばしりを感じながら、史上最高の超絶オーガズムの世界に吹っ飛んでいました。

それははっきり言って、これまでの夫とのセックスって一体何だったの？　と思ってしまわざるを得ないほどに別次元の代物でした。

そう、これが、あたしの女の人生がひっくり返ってしまった一夜の出来事。

かと言って、率先して夫以外の男と浮気しようとは思わないけど、この先、そのセックスで芯から感じることはもうないだろうなぁと思うのです。

■私は左手を彼の下半身に伸ばすと、負けじとジーンズの上から股間に触れて……

欲求不満のあまり職場でお客に手を出してしまった私！

投稿者　飯田香苗（仮名）／25歳／美容師

私、二ヶ月前に結婚したばかりの、まだバリバリ新婚新妻なんだけど、早くも夫婦の危機に陥っちゃってる……っていうのも、中堅商社に勤めるダンナの亮平にいきなり東南アジア支社への短期単身赴任のお達しが出ちゃって……なんと丸一ヶ月、日本に帰ってこないっていうの！

なにしろ私と彼、結婚に至ったあらゆる理由の中で、ぶっちゃけ一番にはセックスの相性のよさで相手を選んじゃったところがあって、結婚してからこれまでよほどのことがない限り、毎日セックスしてたっていうのに……それが丸一ヶ月、できないだなんて、ほんと、会社のやつ何してくれてんのよーっ!?　ってかんじ。

でもまあ、とにかく亮平が帰ってくるまで、このセックスレス状態を耐え忍び、乗り切るしかない！　私はそう強い決意を持って、自分の美容師の仕事に日々一心に集中して取り組んだんだけど……やっぱ無理だったぁ〜〜〜。

亮平がいなくなってから、まだほんの一週間だというのに、私の中で欲求不満の血がザワザワと騒ぎ始め……オッパイの先っちょは誰かに舐めてほしくてズキズキと疼き、オマ〇コは太くて固いのを入れてほしくてジンジンと熱くなって……もう、どうにもガマンできなくなっちゃったのよ〜〜〜！

と、その日のそんな私の前に、飛んで火に入る夏の虫とばかりに現れたのが、常連客の近藤さん。在宅で仕事をしてる三十歳のシステムエンジニアの男性なんだけど、明るく爽やかな上にかなりのイケメンで、もうずっと私の一番のお気に入り！　昨日、電話で私を指名予約してくれたときには、まだ私もまともだったんだけど（笑）、一夜明けてこんな淫乱モードに豹変しちゃった日には、近藤さんももう、私の獲物になる運命だったんだって、あきらめてもらうしかないってかんじ？

「近藤さん、今日はシャンプー&カットでしたね〜？」

「うん、よろしくお願いします」

いつものように爽やかな笑顔で答えるイケメン近藤さん。やっぱりステキ！

そして今日のオーダーは、いつものカットだけじゃなくて、加えてシャンプーもっていうところが、またまた運命よね〜〜。だって、カット代に含まれた最低限のオプションとしてのシャンプーだったら大した施術はしないけど、個別に料金をちょうだいする独立したメニューのシャンプーとなれば、それはもうじっくりたっぷり当たらせてもらうわけですからね～～……ムフフ……。

ということで私は、皆がいる広いメインフロアから少し奥まったところにある、三つのシャンプー台のみが並んだ一角へと近藤さんをご案内。ここはメインフロアからはほぼ死角になり、そう簡単には様子を窺われることもない。しかも今はまだすいている時間帯で、他のシャンプー台で施術を受けている別のお客さんもいない。

いやもう……いただきまーす！　ってかんじ？（笑）

「はい、ではまず軽く流していきまーす」

私は近藤さんをシャンプー台の上に仰向けに横たわらせると、お湯を出して髪を濡らしていった。このとき私はあえて、普通だったらお客さんの顔の上に載せるフェイスガーゼを使わず、彼の顔はむき出しになったまま。彼は若干怪訝そうな顔をしたみたいだけど、私は知らんぷりしてそのまま手順を進める。

でも、その瞬間、「あっ！」と小さく声を発した私は、「すみません、ちょっとトイレへ」と言って、ほんの数分、彼の前から消えた。もちろん、本当に用を足すわけじゃない。その理由はって？　うふふ、それはね………。

「すみません、お待たせしましたー。それじゃあ始めますね～」

トイレから戻ってきた私は、そう言いながら最初の薬液を近藤さんの髪にからめ、混ぜ揉み始めるんだけど、その瞬間、彼が「えっ？」と驚いたような表情になる。私はその顔を見下ろしながら、ただ微笑を浮かべるのみ……。

そう、これがさっき、私がトイレに行き、そして近藤さんの顔の上にフェイスガーゼを載せなかった理由。

トイレでブラジャーを外した、八十八センチDカップの私の豊満な胸の肉房が、重力のまま下方に引っ張られ、オレンジ色の薄手のカットソー一枚の布地を隔てただけで近藤さんの口もとに触れ、私が作業で手を動かすたびにポヨン、ポヨンとたわわに跳ね弾んでいる。

すると、すぐに彼も私の意図を察してくれたらしく、カットソーの布地に浮き出した乳首のポッチ目がけて口を開け、パクっと食んだり、そのままチュウチュウと吸ったり、舌でベロベロと舐め上げたりしてきて……あっという間にその部分の布地が湿って黒ずんでいく。

「……んふぅ、うっ、はぁぁ……」

乳首を中心にして、私の丸い乳房中に甘美な快感がジワジワと広がっていって、思わず甘ったるい声が漏れちゃう。

私は何とか最初の手順を終えると、次の薬液を彼の髪に塗布して、続けて延ばし広げていくのだけど、すっかり調子づいてきた彼は、下から手を伸ばして私のカットソーの前をめくり上げてナマ乳を丸出しにさせて……直に乳首に吸いつき、レロレロと舐め回してきた！

「……んあっはぁっ……！」

快感のあまり、思わず彼の胸の上に倒れ伏してしまいそうになるのを踏みとどまり、私のほうも右手で彼の頭に施術しつつ、左手を彼の下半身に伸ばすと、負けじとジーンズの上から股間に触れ、ゴシュゴシュ、クニュクニュと、さすり揉み立てていって。

「……んぐっ……んふ、ん、うぐぅ……」

彼は私の乳肉を咥えたままキモチよさそうに呻き、見る見るジーンズの下のモノを固く大きくこわばらせていく。うわっ、こりゃでかい！

私はもうガマンできずにジッパーを下ろすと、中からもうかなりビンビンに勃起した彼のモノを無理やり引っ張り出し、しごき立ててあげた。

私の胸に対する彼の口唇愛撫もどんどん濃厚に熱を帯びていき、私のほうも感じすぎてもうヤバいくらい！

「んぐふっ……うう、うぐっ……んふぅ……」

「はっ、あっ……あふっ、うぅ……んくっ……」

知らない間に彼のモノはエッチな分泌液にまみれてニチャニチャになり、私の胸も彼の唾液でデロデロに濡れまみれてる。

ほんとはもっともっと淫らに楽しみたいけど、次第にお客さんが次々とやってきているようで、さすがにもうこの辺が限界みたい。私はそこからきっちり仕事モードに切り替えてシャンプーを終え、カットも迅速に美しくこなしていった。

ただしもちろん、お互いにエッチに意思疎通しちゃった私と近藤さんがこんな中途半端な状態で終わるはずもなく……その夜、私の仕事がひけたあと、二人でいそいそと落ち合ってホテルへ行き、互いに満足のいくまでハメ狂っちゃった！

亮介、ごめんね！　こんな淫乱妻な私を許して！

でも、そもそも一番悪いのは、新婚の私たちをこんな状況に追い込んだ会社のほうなんだから、怒るんならそっちに怒ってね～～～っ！

■私は壁板越しに差し出されたモノを手にとって捧げ持つと、亀頭を咥え、舌先で……

『公衆トイレの貴婦人』彼らは私をそう呼んだ

投稿者　大滝奈江（仮名）／38歳／専業主婦

ああ、また強烈にムラムラしてきた。

アレを、男の人のアレを……チ○ポをしゃぶりたくてたまらない！

だいたい月に二、三回ぐらいだろうか？

私は夫のではなく、誰でもいいから見知らぬ男の人のチ○ポをしゃぶりたい衝動に襲われ、実際に本当にしゃぶらなければ気が済まない状態に陥ってしまうのだ。

一体、何でこんな女になってしまったのか、自分でもわからない。

いくつかの会社を経営する父と華道の家元である母の庇護の下、裕福かつ謹厳に育ち、中学から大学までエスカレーター式で上がれる有名お嬢様学校に通い、大学卒業後はすぐに父の会社の大きな取引先である会社の御曹司と結婚。その後生まれた我がひとり娘も、当然自分と同じ学校に通わせ、お嬢様修業に怠りなし。家族三人、ときには私の両親も合わせた五人で、年に二回はヨーロッパを中心に長日程の海外旅行に赴き、単なる遊興ではなく国際人としての見識を広める努力も惜しまない。

私はそう、ご近所界隈の誰もが一目置く生粋のお嬢様であり、教養も美貌も兼ね備えた良家の奥様だというのに。

ああ、とにかく今すぐ、夫以外の男のチ○ポがしゃぶりたいのよ！

夜十時。

すでに娘は自室でベッドに入り、夫は高級クラブでの取引先重役との親睦飲み会で真夜中前に帰ることはない。行くなら今だわ。

私はしっかり戸締りとセキュリティチェックを済ませると、急ぎ足でいつもの場所へと向かう。家から歩いて五分ほどのところにある、小さな公園。

そこにある、古く薄汚れた公衆トイレ。

もうだいぶ以前から、この辺りに住む裕福な住人たちから、早くきれいで新しいトイレに建て替えるよう要請があるらしいのだが、せっかく彼らが払っている高い住民税も、その使い道の優先順位において公園の公衆トイレはかなり低いらしい。

もっとも、私にとってはそのほうが好都合というもの。

なぜならそこは、古くて汚いからこそ夜ともなれば普通の人はまず近づかず、私のようないかがわしい目的を持った人間たちにとって、これ以上はない絶好の欲望の狩場となるのだから。

そこの、二つ並んだ個室トイレの一方のほうに入ると、私は中から鍵をかけ、蓋を閉じた便座の上に腰を下ろす。そして、息をこらしてじっと獲物を待つ。

待ちながら、改めて思った。

やっぱり、私がこんな女になってしまったのは夫のせいかもしれない、と。

彼もまた御曹司らしく、一流私立大学を出た、見目麗しいエリートだったが、それゆえに性格は生真面目で何の面白みもなく、当然セックスに関しても淡白の極みで……娘が生まれてからこっち、夫婦の夜の営みは判で押したように月に一回、おざなりに行う定例行事のようなもの。そこには興奮も刺激もありはしなかった。

溜まる一方の欲求不満。そこに、これまでの私自身の、お嬢様として親に支配され続けた人生のフラストレーションが重ね合わさる負の相乗効果。

それが弾けてしまったのは、およそ半年前だった。

私はどうにも抑えつけられない衝動のもと夜の街へ駆け出し、ぐるぐるとあてもなく徘徊した挙句にこの公園の公衆トイレにに辿り着き……そこで偶然出くわした、行きずりの酔ったサラリーマンのモノを無理やり咥えさせられ、放出したものを喉の奥にドクドクと注ぎ込まれて以来、その被虐の興奮と快感がすっかり病みつきになってしまったのだ。

もちろん、たとえここにやってきても、誰とも遭遇することなく空振りに終わることも少なくなかったけど、徐々に……十日に一回、一週間に一回、三日に一回……と着実にその淫靡な遭遇の頻度は上がっていき、気がつくと私はその、いかがわしくもアンダーグラウンドな世界のネット界隈で、誰のペニスでも咥え、かつ飲んでくれる『公衆トイレの貴婦人』として、すっかり評判の存在となってしまっていたというわけだ。

あ、どうやら今日は待ち始めて五分とかからず、誰かがやってきたようだ。これなら楽しんだあと、早めに家に戻ることができそうだ。

隣りの個室のドアが開き、相手が入ってきて内鍵をかける音がする。

私が隣りとの間にある、薄い板一枚の仕切り壁に丸く開いた直径五センチほどの穴（念のために言っておくと、これは私が初めてここに来る前から開いていたものだ。一体どこの誰が開けたものやら？）に目をやると、そこからまだ柔らかい状態のチ◯ポが差し出されてきた。通常時でもまあまあのボリュームで、勃起したときの大きさに思わず期待が高まる。

「こんばんは。お願いします」

「はい、こちらこそ。ちょうだいします」

その声と、モノの肌つやから恐らく三十代後半ぐらいと思われる相手に対して、私は落ち着いた丁寧な声と言い回しでそう応じ、これが貴婦人と呼ばれるようになった所以《ゆえん》だ。まあその振る舞い自体は貴婦人どころか、飢えた牝犬顔負けなわけだけど。

私は壁板越しに差し出されたモノを手にとって捧げ持つと、亀頭を咥え、舌先で縁部分をチュブチュブと舐め回しながら、ゆっくりと顔を前後させていく。

「う、うう……なんて優雅で繊細な舌遣い……ウワサ通りだ……」

彼はだんだんと息遣いを荒げながら、うっとりとした声音でそう言い、同時にチ○ポが固く大きく、その姿を変えてきた。うなだれていた竿に力強さがみなぎり、ムクムクと上向いてきたその表面に太い血管が浮き出してくる。

「ああ、なんてたくましいの……すてきよ……」

私がそう言いながら、血管の上に舌を這わせ、竿を上下に何度も舐め上げ、舐め下げさせると、ますますブチ切れんばかりに血管が太く脈打った。

「くっ……うぅ、んぐぅ……た、たまらん……！」

「あはぁ……おいしい……とてもおいしいわぁ……」

こちらも負けないくらい昂っていき、今度は私の唾液と彼自らが垂れ流した先走り液でダラダラに濡れまみれた竿をしごき上げながら、大きく張り詰めた亀頭から喉奥深くまで呑み込み、じゅっぷ、ぬっぷと激しくしゃぶり抜いていく。

「うう、うぬあぁああっ……はっ、はぁ……だ、だめだ！　もう出そうです！」

という向こうの思いのほか早すぎる反応に、私は「ええっ、もう……!?」と内心不満を覚えながらも、最後の熱い一瞬に懸けてフェラの勢いを加速させていく。

「はぁ、はぁ……んじゅっ、ぬぶっ、じゅぶっ、じゅるる、んぐっ……！」

「あ、あ、あ、あ……あ、あぁ……も……出る……っ……」

「じゅぶぶ、ぬぶぶ、はぁっ……んじゅぶ、じゅばっ、んばっ、んぶっ……」

「……ん………あ、ああ〜〜〜〜〜〜〜っ！」

そして一瞬後、彼の亀頭の先端が激しく弾け、一気に噴き出した熱い白濁液の奔流が喉奥に流れ込み、私はそれを一心不乱に飲み下していた。

それは例えようもない、至上の恍惚感……私は自らの秘部に触れることなく、人知れずイキ悶えていた。

この秘密のお楽しみ、やっぱり当分やめられそうにない。

■彼女はとろけたような破廉恥な表情で、レロレロ、ベチャベチャとペニスを舐め……

親友の遺影の前でその妻の淫らな魔性の誘惑に屈して

投稿者　衣笠健太郎（仮名）／32歳／会社員

僕はその日はじめて、『魔性』というものが、この世に現実に存在するのだということを知りました。

高校時代からの親友・武彦の訃報を聞いたのは、僕が勤めている会社の台湾支社に赴任中のことでした。急な病死ということで、あの元気と健康の塊のようなヤツがどうしてまた……？　と、怪訝な思いを隠せませんでしたが、とにかくこの遠い異国の地から、今すぐ帰国できるわけもありません。僕は精いっぱい急いで、抱えている仕事の調整や支社内の根回しに当たり、一通りそれらが片付いてようやく日本に帰れたのは、武彦の葬儀が執り行われてから四日後のことでした。

僕は午後イチの便で成田に着くと、そのまままっすぐ武彦が住んでいた都内のマンションに向かいました。かわいそうに、まだ二十九歳という若さで未亡人になってしまった妻の多江さんには、前もって連絡を入れてありました。

「お帰りなさい、健太郎さん。遠路はるばるありがとうございます」

玄関ドアを開けて僕を迎え入れてくれた多江さんの姿を見て、僕は思わずドキリとしてしまいました。

というのも、彼女が黒い洋装の喪服姿だったからです。

なめらかで白いうなじと、襟元から覗く鎖骨のくぼみが、黒い喪服とえも言われぬ艶めかしいコントラストをなし、僕は不謹慎にもそこに否定しがたい色香を感じてしまったのです。

僕は思わず訊いていました。

「まだ……武彦のことを想って、喪に服しているのかい?」

「え?　……うん、まあね……」

最初こそ敬語だった彼女の僕に対する口調が、ここでフランクなものに変わったのには理由があります。実は僕と彼女の間には過去にちょっとした経緯が……はっきり言うと、彼女は武彦と結婚する前、僕と付き合っていたのです。

一時は真剣に彼女との結婚を考えた僕でしたが、ちょっとした身内の事情があって煮え切らない態度をとっているうちに、共通の知り合いだった武彦が彼女に猛アタックをかけ……その勢いのまま一気呵成に二人は結婚してしまったのでした。もちろん、武彦は僕と多江さんが付き合っていることを知りませんでした。

僕は内心ちょっと忸怩《じくじ》たる思いがありましたが、自分が悪かったのだと思い直し、最終的には心から二人のことを祝福しました。武彦はいいヤツだったし、きっと多江さんのことを幸せにしてくれると思いました。

そんなあれこれを思い出しながら僕は室内に上がり、リビングのラックの上に置かれた骨壺の入った白木の箱と、笑顔の武彦の遺影の前に立ちました。そして多江さんから数珠を借りて手を合わせると、心中で武彦への弔いの言葉をつぶやき、お線香をあげさせてもらいました。

それが済むと、僕は多江さんと向き合って座り、改めて遅ればせながらと多江さんに香典を渡そうとしたのですが、彼女はなぜか受け取ろうとしませんでした。

「こんなの……受け取れないわ」

「え？　なんで？　こうなったら何かと入り用だろ？　受け取ってくれよ」

「健太郎さんからは……もっと他に欲しいものがあるから」

えっ、何を言ってるんだ？

「僕から欲しいものって……？」

「これよっ……！」

多江さんはいきなり正面から僕に抱き着くと、有無を言わせず唇を重ねてきました。そしてその小柄な体からは想像もつかない強い力で僕を抱きしめ、唇を割って舌を差し入れてきて……！

「……ん、んはっ！　ちょ、ちょっと待てよ！　何するんだ⁉　武彦の前だぞ？　頭がおかしくなったのか？」

僕はそう言いながら、身をよじって彼女の体を押しのけようとしたのですが、彼女はそうはさせじと食い下がり、逆に全力で僕を床に押し倒すとお腹の上あたりに馬乗りになってきました。

そして思わぬことを言いだしたのです。

「おかしくなんかなってないわ！　やっぱり、最初からこうしておくべきだった！　やっぱり私、健太郎さんと結婚しておけばよかったのよ！」

そして自ら喪服の前ボタンを外すと、豊かな胸の谷間を見せつけながら僕の顔に押しつけてきました。彼女がつけた香水の、えも言われず妖艶な甘い香りが鼻孔を満たし、世にも淫靡な黒白のコントラストが鮮やかに目の前を覆いました。

「だ、だめだよ、多江！　や、やめろって……お、おいっ！」

「いやよ、絶対にやめないっ！」

　彼女は遮二無二言いつのり、さらにボタンを二つ外して喪服の前をはだけると、実はノーブラだった乳房がボロンとこぼれさらされ、僕の口に強引にグニュッとねじ込まれてきました。

「……んぐっ、うぷ、はうっ……んじゅぷっ！」

　下手して乳首を嚙んだりしたら大変だと、僕は何とかしてソフトに拒絶しようとしたのですが、そうするとどうしても乳首を舐め回すような格好になってしまい、そのたびにビクビクとわななく、彼女のカラダの淫靡な震えが伝わってきました。

「あっ、ああっ……いい、いいわ、健太郎さん！　オッパイもっと吸って！　もっといっぱいしゃぶってっ！」

「……ほ、本当にだめだって！　こんな……武彦に申し訳ないよ！」

　僕が言うと、彼女が急に怒ったような口調になって言いました。

「な、何よっ！　武彦さんったら、もうここ一年以上もこんなふうに私のことを愛してくれたことなんてなかったのよ！　その間、私がどんなに寂しかったか……どんなに渇いたカラダを持て余していたか……全然知らないくせにっ！」

　これはあとで聞いた話ですが、実は僕が知らない間に武彦の身にとんでもないことが起こっていたのです。なんと彼は、ある日突然ホモセクシュアルに目覚め、男しか愛せない人間へと変貌を遂げていたというのです。

そのとき、そんなこととはつゆ知らない僕は、彼女の言っていることの意味がわからず、ひたすらうろたえ、何とか抵抗しようとするばかりでしたが、そうこうするうちに、やはりかつては心身ともに愛し合った間柄です……否応もなく体が反応し始めてしまいました。

ちょうど僕の体をまさぐっていた彼女が、それに気づきました。

「ああ、嬉しい……健太郎さんのが固くなってきてくれた！　ほらほら、こんなに大きくなって……やっぱり私のことを愛してくれてるのね！」

そう言いながらズリズリとカラダをずらし下げると、僕のズボンのジッパーを下げて、中からもう完全に勃起したペニスを引っ張り出しました。そして大きく口を開けて長い舌をベロリと垂らし出すと、

「あは……あふぅ……おいしい……おいしいわ、健太郎さんのチ○ポ！　そう、あたし……ずっとこれが欲しかったのっ……！」

ウットリととろけたような破廉恥な表情で、レロレロ、ベチャベチャとペニスを舐めしゃぶり、啜り立てて……抗いようのない快感が、僕の下半身いっぱいにみなぎり、染み渡っていきました。

「あっ、ああ……んくっ……た、多江っ……あぐっ！」

たまらず彼女の顔に向かって放出してしまった精液を、彼女は丹念に指でこそげ取って、まるで一滴もこぼすまいとするかのように、次々と舐めしゃぶり、さも美味しそうに飲み下していきました。

「ああ、健太郎さんのザーメン、最高においしいわぁ。でも………」

射精の快感の余韻に浸り惚ける僕に向かって、彼女は飢えた女豹のように凶暴な笑顔で言いました。

「私、まだまだ食べ足りないの。さあ、健太郎さん、いよいよホンバンよ。こっちの口に、ザーメンもっとちょうだい！」

そして黒いスカートを脱ぎ、喪服の前をはだけて乳房をあらわにした姿で大股を広げると、僕の腕を摑んで引っ張り寄せ、再びペニスを握ってしごきだしました。その激しく巧みな手戯に、僕はまたたく間にまた勃起させせられてしまいます。

「さあ、きて！　健太郎さんのチ○ポで、私のいやらしいマ○コの中、いっぱいにしてえっ！」

僕は彼女に正常位で挿入させられ、いよいよ二人、久方ぶりの合体を果たしました。

長年の性に飢えた孤独な生活が、その性器をより淫らに変化、爛熟させせたかのように、僕のペニスにまとわりついた彼女の肉ひだは、まるで生きているかのように淫靡に妖しくうごめき、その快感たるや想像を絶するものがありました。

「あっ……ああ、またっ……た、多江っ……！」

「んあっ、ああ、はぁっ……あうっ、くぅ……いい、いいわ、健太郎さん！　きてきてぇ！　私の中にいっぱい注ぎ込んでぇっ！」

「………うぐっ……！」

「あ、あうん……あぁ～～～～～っ！」

僕は彼女の中に二発目を射精し、彼女のほうも、いつ果てるとも知れない長い喜悦の悲鳴をあげながら、絶頂に達したようでした。

事後、僕は彼女と並んで寝転びながら、今なら素直に、もう一度彼女との結婚を考えられるかもしれないと思っていましたが、一方で、その後小耳に挟んだ武彦の急病に関する話を思い出していました。

今さら原因を追及することはできないけど、その症状はある種の薬品を用いたものに似ていると……そういえば、多江の仕事は看護師だったっけ……。

僕は本物の魔性に捕まってしまったのかもしれない。

■店長は薄いパンティ生地越しに鼻先をねじ込み、よりダイレクトにお尻の割れ目を……

客前のカウンター内で密かに淫らに求め合った店長と私

投稿者　森ひより（仮名）／30歳／パート

某大手立ち食いそばチェーンの一店舗でパート勤めしています。

週に三日、午前十一時から夕方四時までの時間帯で働き始めて、そろそろ二ヶ月と少しになりますが、当初から店長の大林さん（四十一歳）は気になる存在でした。シュッとした細身で、思いやりのあるやさしい人柄で……イケメンってわけではないけど、笑顔がとってもすてきな人なんです。

はっきり言って、私の夫とはすべてが真逆。結婚前はあんな人じゃなかったのに……一緒に暮らせば暮らすほどイヤな部分ばかりが目立つようになり、それと反比例するように、私の中で店長への好感度が上がっていきました。

そして、そんな私の内心を知ってか知らずか……店長の私に対する態度も、他の女性パートさんに接するものより何だかイイかんじだなあと……私の思い上がりかもしれないけど、意識するようになっていったんです。

そんなふうに、仕事自体はとっても忙しくて大変ではあったものの、店長との間に通じた、えも言われずホットで心地いい相思相愛的な緊張感の中、私はパートの日々を楽しく送っていました。

でもそんな、あくまで私の思い込み的部分が大きい、ドリーミーな店長との関係性が、ある日突然、リアルなものとなったんです。

その日、遅番予定のパートさんの突然の病欠で、店長から私に『至急ヘルプを頼めないか?』との従業員間LINEが入ったのは、夜の七時すぎでした。八時から閉店の十一時までの三時間の勤務希望ということで、普通だったらあり得ない土壇場のオファーでしたが、その夜は夫も飲み会で帰りが午前様ということがわかっていましたし、あと何といっても、店長のピンチを救ってあげたい！　という私の気持ちが熱く燃えました。大慌てで準備して店に駆け付けたんです。

「森さん、ほんとありがとう！　助かるよ」

「いえいえ、ちょうど都合もよかったものですから」

私は、店長の例の大好きな笑顔に出迎えられ、思わず心浮き立たせながら、勤務につきました。

その日は金曜ということで、夜八時を回ってもダラダラと客足は途絶えず、もちろん昼夕のピーク時には及ばないものの、店長はそば茹で等の調理、私は接客・洗い物などの作業に忙しく取り組み、ようやくヒマになってきたのは十時近くになってからでした。

私はカウンターの内側に立って、店内にいる三組ばかりのお客さんたちを眺めながら、ホッと一息ついていました。

と、そのときです。

いきなりジーンズのお尻に、ギュッと圧迫感を感じたのは。

私は「えっ？」と驚き、慌ててお尻のほうを見下ろしました。

するとそこには、思いもよらない光景が……！

私の背後にしゃがんだ店長が、私のお尻に顔を当てて、うっとりしたように目を閉じながら、鼻先でグリグリとお尻の割れ目部分をほじくるようにしてたんです。もちろん、お客さんたちのほうからは店長の姿は見えません。

（ええっ!?　う、うそ……っ！）

私は驚愕しながらも声には出さず、表情にも出さないよう必死で平静を装いました。

ここでヘンに騒ぐとお客さんたちにバレちゃうし……当然、店長にもこの行為をやめさせることになっちゃう。

それは………いやだ。

そう、私はこの店長のいきなりのご乱行を嫌悪し拒否するどころか、嬉しい驚きの内に認め受け入れてしまったんです。

店長が閉じていた目を開けて私の顔を見上げ、二人の視線が合いました。

私はコクンとうなずき、店長はやさしく目を細めました。

完全に意思の疎通が成立した瞬間です。

店長の行為はより大胆に、続けて鼻先で私のお尻の割れ目部分をほじくるようにしながら、両手を前のほうに回してジーンズの前ボタンを外しジッパーを下げると、そのままズルズルと膝上辺りまでずり下げてきました。そして素肌の太腿をサワサワと撫で回しながら、今度は薄いパンティ生地越しに鼻先をねじ込み、よりダイレクトにお尻の割れ目を刺激してきて……！

「……………んっ、んんんんぅ……！」

私が思わずそれに反応してくぐもった呻き声を発すると、

「しぃっ！　そんな声出したら、お客さんたちにバレちゃうよ？」

店長は低い囁き声でそう言って私をたしなめながら、なんとパンティをずり下げてきたんです。そして、その薄い布地が股間から離れる瞬間、淫らで強烈な粘りがニチャァアと糸を引く感覚がありました。

そう、それまでの店長のお尻グリグリ、太腿サワサワ攻撃の刺激によって、私のソコは恥ずかしいくらい濡れ乱れてしまっていたんです。

「ああ、森さんのオマ◯コ、こんなにいやらしくとろけて……たまんないよ」

「……ん……はぁっ…………！」

私の完全に仕上がったソコの状態を確認するや、店長は素早く前のほうに回り込み、プックリと膨らんだクリちゃんを舐め吸い、とろけただれた肉ヒダを舌で掻き回してきました。私はそのあまりにも気持ちよすぎる責めに感じ悶え、たまらず下半身をガクガクと震わせてしまいます。

そしてとうとう、必死で呻き声を呑み下しながら、「んぐっ……」と立ったままイッてしまったのでした。

するとちょうどそのタイミングで、一組のお客さんたちが食べ終わった器を返却台に戻しにきたので、私は「ありがとうございましたー。またどうぞー」と、なんとか精いっぱい声を張りました。

いよいよ閉店時間まで、あともうほんの五分ばかり。

最後の一組のお客さんを残し、私たちは攻守交替しました。

今度は店長がカウンター内に立ち、私はその前にしゃがみ込んで店長のペニスを咥えて。ペロペロとしゃぶってあげると、勃起したソレは夫のよりも一回り小さいかんじでしたが、そんなの全然気になりません。だって、大好きな大好きな店長のオチン○ンなんだもの。私は我を忘れて一心不乱に亀頭をむさぼり、竿を舐め回し、玉袋を含み転がして……でも結局、イかせてあげる前に最後のお客さんたちが出ていき、私のほうの攻撃は終了しました。

えっ、そのあとどうしたのかって？

もちろん、急いで店を閉め、店内のソファ席の上で私たちは合体しました。

「あ、ああ……森さん！　ずっと君とこうしたかったよ……」

「ああん、店長！　あたし、あたしもっ……！」

それはもう最高のセックス、最高のカイカンでした。

お互いに家庭のある身なので深入りするつもりはありませんが、この相思相愛の充実した関係、できるだけ長く愉しみたいと思っているんです。

■私はAの上で騎乗位で犯されながら、同時にBにバックからアナルを犯され……

上司との不倫の代償は問答無用の3P強姦地獄！

投稿者 熊沢千春（仮名）／27歳／OL

私と上司の遠山主任（三十三歳）の不倫関係が始まってから、もうそろそろ一年近くが経とうとしている。

最初、私がまだ新婚の夫の浮気に悩み、それゆえの夫婦間セックスレス状態に苦しんでいたちょうどそのときに、そんな私の会社でもふさぎ込んだ状態を心配した主任が声をかけてくれて……悩みを聞いてもらっているうちに、お互いに情が移り、あれよあれよという間に深い関係になってしまって。

もちろん、主任には奥さんと子供がいたけど、私は彼女たちに対する良心の呵責に苛まれつつも、主任のやさしさに溺れ、かつそれとは裏腹の激しいセックスの快感の虜となって、ずるずると関係を続けてしまっている。

ああ、こんな関係、早くやめなくちゃいけないのに……。

そんなある日のこと。

リモートで在宅勤務中の私のスマホに主任からLINEが入り、『今夜、逢いたい』というメッセージが。あれ？　たしか主任は今日・明日と関西出張でこっちにはいないはずなのに……私は少し怪訝に思いながらも、一方で、ここ三週間ほど主任とベッドを共にできていない苛立ちと欲求不満もあって、昂る気持ちと共にこう返信していた。『私もすごく逢いたいです。主任に、いっぱいいっぱい愛されたいです』

どうせ今日も夫は浮気相手の女のところへ行って、まともには帰ってこない。私が急く思いで待ち合わせの時間と場所を訊ねると、驚きの答えが返ってきた。

『実はちょっとだけ体調が悪いんだ。できれば自宅まで来てくれると嬉しい。妻と子供は今晩、向こうの実家に行っていて、いないんだ』

ええっ、まさか主任の家で不倫エッチするの？

いつもは奥さんと子供がいる、その家族の生活の場所で……？

私はさすがに一瞬引いたものの、同時に正直、そのインモラルさゆえの興奮に、ますます高じてくる心身の昂りを抑えることができなかった。

そして夜の九時すぎ、私は教えられた住所を頼りに主任家族の暮らすマンションを訪れると、主任自らに出迎えられ、その室内へと足を踏み入れた。

私は久しぶりに主任と二人きりになれた喜びと興奮に浮かれ、思わず主任に抱きつこうとしたのだけど、次の瞬間、あまりの衝撃に言葉を失い、凍り付いてしまった。

なんとそのとき奥の部屋から、写真で見てその顔は知っていた、主任の奥さんが出てきたのだ。

愕然とする私に向かって、奥さんは不敵な笑みでこう言った。

「人のダンナを寝取った、この淫乱ドロボウ猫が！　尻尾を振ってよくものこのことやってきたものね。アンタのとこの事情は夫に聞いて大体知ってるけど、それが何なのよ⁉　結局、満たされないオマ○コをこの人のチ○ポで埋めてほしかっただけでしょ？　ふざけんな！　そんなにチ○ポが欲しけりゃ、イヤというほどくれてやるわ！　ほら、あんたたち、出てきて！」

そしてその呼びかけに応えて現れたのは、見知らぬ二人の……しかも素っ裸の屈強な男たちだった。その間、私がどれだけ言い訳して謝り、無体な真似はやめてくれるよう頼んでも、彼らは聞く耳持たず、問答無用で私のカラダに群がってきた。そして私はまたたく間に服を剝ぎ取られ、全裸にされてしまい……。

「ああ、千春……すまん！　興信所を使って我々の関係を突き止められてしまって……このままだと莫大な慰謝料が生じる離婚だって迫られて、仕方なく……」

横で主任が情けない泣き声で言うことには、その圧倒的に不利な離婚を回避するには、奥さんの気の済むよう、復讐行為を受け入れる他ないということのようだった。

そう、それは主任たちの目の前で、二人の屈強な男たちにとことん犯され、蹂躙されるということ。そして当然、その痴態の一部始終は動画撮影され、私の魂の自由はこの先ずっと奥さんに縛り続けられることになるのだろう。

「ほら、あなた！　あなたのオイタの代償に、この愚かなドロボウ猫が犯されまくる様を、しっかりと目に焼き付けることね！」

「ああ～っ……本当にごめんよ、千春ぅ～～～っ……」

「しゅ、主任……っ……んぐふっ！」

私が主任に向かって放とうとした言葉は、いきなり口に突っ込まれた極太の肉棒によって力ずくで封じられてしまった。「んぐっ、あぐっ、ぐふっ……！」そしてそれはあまりの息苦しさに喘ぐ私の苦悶の呻きをあざ笑うかのように、何度も何度も喉奥を突き犯してきて……。

「ほらほら、歯ぁ立てるんじゃねえぞ！　ちゃんと舌を使ってしゃぶって……喉をきゅっと締めて……そうそう、なかなか上手いじゃねえか！　さすが奥さんのダンナを寝取った淫乱ドロボウ猫だけあるな」

屈強な男Aがそう言い、私の後頭部を分厚い手でがっしりと摑んで押さえつけると、さらに一段と深く強烈なピストンで私の喉奥をズンズンと犯してきた。

「んがっ、がぁっ、んぐぷ……ぐはっ……！」

ああ、苦しい……死んじゃうよう……。

いつ終わるとも知れず続く苦痛に意識が朦朧としてくる私だったが、そのとき襲ってきたのは次なる攻撃……乳房への責め苦だった。口唇を激しく貫かれているため、ちゃんとは見えないけど、もちろんその相手はもう一人の屈強な男B……彼は私の乳房を鷲掴んで力任せに揉みしだき、肉房を引きちぎらんばかりにねじり立てながら、分厚い唇で乳首にしゃぶりつき……キュウキュウと強烈に吸引しつつ、時折歯を立ててガジガジと噛みしだいてきて……！

「……あひっ！　ひぃ……んぐっ、ぐぅ……んぐぅ～～～～っ！」

と、ダブルで押し寄せるその衝撃的な苦痛に、たまらずくぐもった悲鳴をあげてしまう私だったけど、一方で自分でも信じられないことが……！

まちがいなくアソコが濡れてきてしまってる……まさかそんな！　こんな拷問のような仕打ちで、私は感じてしまってるというの……⁉

そしてその信じがたい様相は、傍観者である二人の発する声がそろって聞こえてきたことによって、ますますエスカレートして……！

「ああっ、ごめんよ千春ぅ……俺を許してくれぇっ……」

「あははは、いい気味だわ、このドロボウ猫！　もっともっとやっちゃって！」

主任のすがるような情けない声と、スマホで動画撮影しながら奥さんが発する憎悪と歪んだ悦びに満ちた声……その相反するトーンの声がもつれあい、からみあい……二人の屈強な男たちによる凌辱の熱気にかぶさるように反響すると、私の性感を爆発するように震わせてきてっ……！

「んぐぅふっ……んはっ！　んぐはぁぁ～～～～～っ！」

なんと、私はまだアソコには直接触れられていないというのに、腰を突き出しヒクヒクとわななかせながら、盛大に潮を吹いてしまった。

「うわっ、マ、マジかっ！」

「ノータッチ潮吹きとは、こりゃまたウワサ以上の淫乱だぜっ！」

「ほんと、あきれたわぁっ……このドロボウ猫！」

「ち、千春～～～～……」

私を除くその場にいる四人が口々に驚嘆の声を発する中、私は軽々と体を持ち上げられ、男二人に好き勝手に肉体を翻弄されながら、犯されまくった。

「うおっ、さすが淫乱ドロボウ猫のオマ○コ、最高のぬめり具合、締まり具合！　こりゃたまんねーぜっ！」

屈強男Aが私を貫きながら呻くように言うと、屈強男Bのほうが、

「くうっ……俺もう待ちきれねぇよっ！　尻ヤッていいか？」

「おお、ヤれヤれ、ヤッちまえ！」

私はAの上で騎乗位で犯されながら、同時にBにバックからアナルを犯され……少し排泄物が漏れてしまったけど、生まれて初めての二本刺しで二度、三度と狂ったようにイキまくって……その様を収めた動画は、さぞや壮絶な見ものになっていることだろう。ちょっと見たい気も……。

そうやって前も後ろも犯しまくり、私のカラダを大量の精液まみれにした、恐らく奥さんにネットの裏サイトを通して雇われたであろう屈強な男二人が帰っていくと、私と主任と奥さんだけが残されたその場は、言いようのないバツの悪い空間で……私は辛うじてシャワーで体を洗うことを許され、マンションをあとにした。

この先、今日はどこかに預けられているはずの幼い子供と奥さんと、果たして主任は平穏に暮らしていけるのか？　もう私にはかかわりのないことだろうけど、ちょっと心配だったりする。

■私は兄の性器をゆっくりと、でも愛しさをこめて力強くしごき上げて……

この世でいちばん愛する兄との至高のロスト・ヴァージン

投稿者 松岡美憂（仮名）／31歳／パート

これは今から十五年前、まだ私が十六歳の高校一年生だった頃の話です。

二人きりの兄妹で、私より六つ年上の兄が、今通っている日本の大学を卒業後、アメリカの大学に留学するという話を聞いたとき、私はまるでマンガのように、頭をガーン！ と殴られたかのようなショックを受けていました。

お兄ちゃんが私の前からいなくなっちゃう。

誰よりも大・大・大好きなお兄ちゃんが。

兄は小さいときからかっこよく、頭もよくてスポーツ万能。幼稚園の頃からずっと女の子にモテていました。でも私はさらに、他の多くの女の子とは違って兄の見た目だけじゃなく、すぐ身近でその心根のやさしさに触れてきたこともあり、誰よりも兄のことを知り、大好きな自信がありました。

そう、たとえ兄が、あまりに多くの女から求められ、都度それに応えすぎるあまり、心ならずも『ヤリチン』『スケコマシ』呼ばわりされようとも、私だけはそれが兄のどうしようもないやさしさゆえだと理解し、だからこそ心底愛していたのです。

その兄が、ずっと家にいてくれると思っていた兄が、数年とはいえ遠く外国へ行ってしまうなんて、もう考えただけで寂しさと悲しみで心が張り裂けそうでした。とはいえ、兄には兄のやりたいことが、歩みたい人生があるわけで、それを否定することはできません。

だから私はこう思ったのです。

兄が外国へ行ってしまう前に、私の処女を奪ってほしいと。

それはもちろん、兄へのひたむきな想いゆえですが、同時に、望むと望まざるとにかかわらず『百戦錬磨』の女性経験を積んだ兄となら、女の人生でたった一度しかないロスト・ヴァージンの体験を、決して破瓜《はか》の痛みだけではなく、この上なく甘美で素敵なものにしてもらえるはずという打算ゆえでもありました。

そしてそれは、兄のアメリカ行きを翌日に控えた土曜日のことでした。

両親は親戚の法事のために出かけて夜遅くまで帰って来ず、家には明日からの最終準備に余念のない兄と、学校が休みの私の二人だけでした。

ひと作業終えた兄が二階の自室のベッドの上に寝転んで息抜きしているところへ、

私はドアをノックして少し開け、顔を覗かせました。

「おう、どうした、美憂?」

何気にそう言った兄でしたが、そのすぐ次の瞬間、ドアを大きく開けた私の姿を見て、驚きで目がまん丸になりました。

私が一糸まとわぬ全裸だったからです。

「ちょ、ちょ、ちょっ……! お、おい美憂、な、なんだその格好⁉」

慌てて目を伏せながら、しどろもどろになった兄を見て、私は言いようのない感銘を覚えていました。それこそ、女の裸なんて数えきれないぐらい見てきてるはずなのに、こと実の妹となると、こんなにあたふたしちゃって……かわいい。

私は胸の中にじんわりと温かいものを抱えつつ、ベッドの上に飛び上がると、有無を言わせず兄に抱きついていきました。

「わっ、ば、ばかっ……やめろって! 何やってんだよ、おいっ……」

兄は一生懸命、私の裸を見ないようにしながら、その体をはねのけようとしますが、剝き出しの姿ゆえに、あまり激しくしてケガでもさせちゃまずいとでも思っているのか、その力加減は中途半端なものでした。私はそれをいいことに全力で兄の首っ玉にかじりつくと、耳朶に口を寄せて囁くように言いました。

「だめだよ、お兄ちゃん。窓開いてるんだから、大きな声出すとご近所に聞こえちゃうよ？　……ってゆーか、言うとおりにしてくれないと、私のほうが思いきり大きな声出しちゃうんだから！」

この期に及んで、さすがの兄も、これが私のイタズラや冗談ではないことを察したようでした。私の目をまっすぐに見つめると、

「……美憂、いったい何が望みなんだ？」

と問うてきました。

私も真剣に兄の目を見つめ返して答えました。

「アメリカに行く前に、私をロスト・ヴァージンさせてほしいの」

「な、なんだってぇ⁉　兄と妹でだなんて、そんな……おい、美憂、もっと自分のことを大事にしろよ！」

兄はそう諭すように言いましたが、私の意思は揺るぎません。

「自分を大事にしたいからこそ、お願いしてるの。私がこの世でいちばん愛してるのは、お兄ちゃん……だから、大事な処女をお兄ちゃん以外の男に奪われたら、私一生後悔すると思うの。お兄ちゃんこそ、私のことを大事に思うなら、この私の望みを叶えてよ！　お願いだから……」

果たして、この私の身勝手かつ真摯な想いが通じたからか、それとも変に騒がれてご近所にこのやり取りが筒抜けになることを恐れたからか……今となっては何とも言えませんが、兄は結局、私の願いを受け入れてくれたのです。

「わかった。でも、約束してくれ。今日この一回限りだぞ？　おまえの処女を奪ったら、そのあとは金輪際、俺とおまえは血を分けた兄と妹でしかない。こんなことは二度としないからな？　いいか、美憂？」

「うん……わかってるよ、お兄ちゃん……」

開いた窓からそよぎ流れ込む初夏の爽やかな風の中、兄は自分も服を脱いで裸になると、そのたくましく引き締まった肉体をさらし、改めて生身で私のことを抱きしめてくれました。兄の熱が、鼓動が、息遣いが、私のカラダに伝わり、じんわりと浸透してきて……それに反応して、私のカラダの芯がとろけ、まるでフツフツと沸き立ってくるかのようです。

「ああん……好き好き、お兄ちゃん……」

「……美憂……かわいいよ……」

兄は私をベッドに寝かせると、その上から覆いかぶさり、最近とみに大きくなってきた私の胸を揉みながら、ツンと立った乳首にキスしてくれました。兄の唇がチュルッとそれを含み、舌先でつつきながら舐め回し、チュウチュウと吸ってくれると、ツーンとする痛みのような、とろけそうな昂りのような……えも言われぬ感覚に私は包まれました。それはオナニーとはまったく違う、深く新鮮な快感でした。

「はぁっ、あ、あん、あっ……くふぅ……」

否応もなく悶えながら、ふと兄の股間を見ると、そこはびっくりするほど巨大にいきり立っていました。その性器特有のグロテスクさも私には気持ち悪いとは思えず、手を伸ばして握ると、それをゆっくりと、でも愛しさをこめて力強くしごき上げました。すると、ますます熱く固くなっていって……。

「……あ、ああ……美憂……いいんだよ、そんなことしなくても……」

「ああん、いいの……私がしたいの……お兄ちゃんのオチン○ン、すてき……」

しばらく私の愛撫に気持ちよさげに身をゆだねていた兄でしたが、一瞬みなぎった性感を振り払うかのように私の手を放させると、私のすっかり濡れた股間に顔を埋め、舌と唇でアソコを愛し始めてくれました。

クリトリスを丁寧にねぶり転がし、吸い上げ……お肉のビラビラを震わせながらこれでもかと掻き回してくれて……これもほんと、オナニーとは比べものにならないチョーゼツ気持ちよさで、私はもうどうにもたまらなくなってしまいました。

「あ、ああ……お、お兄ちゃん……あたし、も、もう……」

私がそう切羽詰まったかのような喘ぎ声をあげると、兄はあたかも機を悟ったかのように一旦身を起こし、自分のサイフから取り出したコンドームをペニスに装着しました。それはますますビンビンで、一向に萎える気配がありませんでした。

兄はそのまま私のアソコの入り口に押し当てると、言いました。

「じゃあいいかい？　入れるよ、美憂……」

「あ、ああん……いいわ、入れて……きてっ、お兄ちゃん！」

そしてやってきた、信じがたいほどの激痛と、この上ない幸福感。

私はこの世でいちばん愛する兄自身に貫かれながら、いつしか快感へと変わっていった昂りの中、女となり、一生忘れられないだろう絶頂へと昇り詰めていったのです。

その後、アメリカ留学を終えて日本に帰国した兄は、大手外資系証券会社に就職し結婚、今や三十七歳の立派な中年となり、二人の娘の父親です。私も結婚し家を出て、お互いになかなか会う機会はありませんが、今でもあの日のことは私たちの大きな秘密であり、大切な思い出なのです。

■私は立派な勃起ペニスを垂直にして支えて、その上からオマ〇コをズブズブと……

危機一髪！万引きGメンを色仕掛けで淫らに丸め込んだ私

投稿者　湊あきえ（仮名）／35歳／専業主婦

「ちょっとすみません、そのトートバッグの中の品物、お会計済んでませんよね？」

レジを抜け店を出ようとした瞬間、私はその若い男から声をかけられてハッとした。しまった……『サルも木から落ちる』とは、まさにこのこと？

未だかつて一度も捕まったことのない、この百戦錬磨の万引きマスターの私が、まさかこんな若造の万引きGメンに見つかってしまうとは……いや、逆にいかにも手練れのベテランGメン特有の抜かりのない視線と違って、まだいかにも新人といったこの隙だらけの雰囲気が私の警戒アンテナに引っかからず、油断してしまったのかもしれない……。

とにかく、彼が言ったとおり、私が右手に提げたトートバッグの中には、逆の左手に提げたレジ袋の中の会計済みの商品と違って、万引きした輸入ものの高級チョコレートの箱が入っているのは間違いない。

さあ、どうする私……？

もちろん警察沙汰などゴメンだし、夫に連絡されるのもたまったもんじゃない……というか、私がこんなことをしているのは、もっぱら夫が原因だといってもいいくらい……仕事の忙しさにかまけて、私にまったくといっていいほどかまってくれないから（特に夜の生活の面で）、私はその欲求不満がどうしようもなく溜まってきた頃合いを見計らって、万引きして発散するようになってしまったというわけね。あーもう、ほんとムカつく！

と、そのとき私は、この窮地を脱するための素敵なアイデアを思いついた。

この若い万引きGメンの彼、よく見るとかわいい顔してる。でも、それはおそらくはその職務経験と同じく、女性経験が浅いだろうゆえに醸し出される、あどけなく無垢なかわいさ。いや、ひょっとしたらまだ童貞まであり得るかも……？

だったら、あの夫と結婚する四年前までは、いろんな男をとっかえひっかえして、セックスのほうも百戦錬磨の経験を積んだ私の手練手管にかかれば、万引きのことを見逃すよう言うこと聞かせられるんじゃないの？　なにせ私、まだ子供を産んでいないおかげでカラダのセクシーラインもまったく衰えていないし、今でもたまにセレブ系女性誌の読者モデルしませんかって街で声かけられるほどで、かなりイケてる自信あるし……そして何より、それで私自身の欲求不満を満たすことができれば、一挙両得じゃないの！

よし、決めた！　それでいこう！

私は、手をしっかりと摑んで離さず、私を事務所に連れていこうとする彼の耳元に唇を寄せ、熱い吐息を吹きかけながらこう言った。

「ねえねえ、折り入ってあなたに相談があるんだけど……聞いてもらえる？」

「えっ？　相談って……？」

「うふっ、それはね………」

私の話を聞きながら、見る見る顔を赤らめていく彼。

手応えを感じた私が、そっとズボンの上から股間に触れてみると、そこは明らかに固く突っ張っていて……もらった！

それから彼に言い含めて、スーパーの敷地を出て思惑どおり手近なホテルに連れ込むのに、大して時間はかからなかったわ。

お互い順番にざっとシャワーで汗を流してから、大きなキングサイズのベッドに上がると、彼は上ずったような声でこう言ったわ。

「ほ、本当に、天にも昇るような気持ちいい思いさせてくれるんですよね？」

それに対して、私は念を押すように答える。

「もっちろんよ！　でもその代わり、今日の私の万引きのこと、見なかったことにしてくれるんでしょ？」

「は、はい！　神に懸けて誓います！　ああ、奥さんみたいなきれいな人とエッチできるなんて、夢みたいだ……実は僕、これまでプロの女の人に筆下ろしさせてもらった一回きりの経験しかないんです。しかも、あんまりきれいじゃなかった……」

案の定、彼は私の読みどおり、ほとんど童貞くんだったけど、そのペーソス溢れる喪失談にちょっとホロッときちゃった（笑）。

「おー、よしよし……さあ、こっちに来なさい」

私がそう言って大きく両手を広げると、彼は勢いよく胸に飛び込んできて、私の乳房に顔を埋め、まるで赤ん坊のように遮二無二チュパチュパと乳首を吸ってきた。う～ん、ちょっと母性本能が疼いちゃうかんじ？

私は気のすむまでオッパイを吸わせてあげたあと、彼を仰向けに寝かせてその股間にむしゃぶりついた。ついさっきまでの平常時にはかわいい仮性くんだったけど、いつしか興奮でいきり立ったそのオチン○ンは、思いのほか大きくて立派でズルッときれいに剝けきってて、私はがぜんハッスル！　自慢のテクを総動員してしゃぶり可愛がってあげた。

つるっとした亀頭をこれでもかとねぶり回し、太い血管が浮き出したたくましい竿を舐め回し、タマタマの袋もシャブシャブ、コロコロと吸い転がしてあげて。

「……んあっ、あああっ……奥さん、すごいぃぃぃっ！　めちゃくちゃ気持ちいいです〜〜っ！　あう、うっ、はぁう……！」

彼の目いっぱいによがる声と、そのますます弾けんばかりに膨張するオチン○ンのすごさに煽られ、私のほうの昂りもうなぎ上りで……！

「ああっ、私もたまらなくなってきたわ！　さあ、今度はお互いに舐め合いっこしましょ！　シックスナイン、したことある？」

「もちろんないですぅ〜〜〜……！」

「じゃあ、今日があなたの『シックスナイン記念日』ね！」

私はそんなよくわからないことを喚きながら、彼を導いて体勢を整えると、彼の上に乗っかる形でオチン○ンを咥え込んであげた。彼のほうは下から私のオマ○コを舐め上げる格好ね。

改めて、さらに熱を込めて彼のをしゃぶる私だったけど、彼のとてもテクニカルとはいえないけど、一所懸命なオマ○コ舐め上げの理屈じゃない気持ちよさにヒィヒィいってよがっちゃって、なんだかもう喘ぎっぱなし！

「んあっ、はぁっ、ああ……んはぁ、あっ……ああん、もう私も限界っ！　オチン〇ン入れさせてもらうわよ！　いいっ⁉」

「は、はいっ……オマ〇コお願いします～！」

私は、仰向けに寝そべった彼の体を大股広げてまたぐと、立派な勃起ペニスを垂直にして支えて、その上からオマ〇コをズブズブと沈めていって……。

「あっ、ああっ……いいっ！　オチン〇ン、いいわぁ～～～っ！」

「ああっ……ぼ、僕もとろけちゃいそうですぅ……！」

「イクイク……イッちゃう～～～～～っ！」

それはもうなんだかすっごく新鮮な快感で、私も彼も大満足でフィニッシュ！　ほんと、万引きじゃなくセックスで満足できたのなんて、どんだけ久しぶりだろ？

こうして、今一度彼には私との秘密を守るよう念を押して別れたわけだけど、一応そこは保険として、万が一のために彼との密約の会話を内緒でしっかりスマホに録音させてもらった私……ま、そこはそれ、年の功ってことで！（笑）

第三章

背徳の快楽に狂った女豹たち

■私はペニスを咥え込んだアソコを上下動させて、肉の抜き差しを激しくして……

己の性欲の赴くままに男性客にまたがってしまった私

投稿者 青田さくら（仮名）／34歳／保険外交員

私、ほんとは人妻じゃなくてバツイチ、厳密にいうと中学生の一人娘を抱えながら生保レディーとして働く、シングルマザーなんですけど……元人妻ってことで書かせてもらって、いいですよね？

元夫とは四年前、彼のあまりの浮気癖のひどさに愛想が尽きて別れたんですけど、まあそうでもしないと、私が精神的に耐えられなかっただろうから後悔はしていないものの、ホントウのところ実は未練たらたらで……ぶっちゃけ、元夫のセックスがそりゃもう最高だったんですよね。あとにも先にも、彼ほど私を満足させてくれた相手は存在しないほどで。

だから、独り身になって何が一番つらいかって、それは経済的なことでも、子育てや社会的対人関係でもなく……自分の性欲が芯から満たされないこと。今でも月に一、二回はカラダが疼いてどうしようもなくなることがあって、そんなときはネットでこっそり購入したバイブなんかのアダルトグッズを使って、深夜の娘が寝静まった頃合いを見計らって、アソコがすりむけちゃうんじゃないかと思うほど長く激しくオナニーに耽っちゃう始末なんです。ま、でも所詮そんなごまかしじゃ、心底満足することなんてできないんですけどね。

で、その日も、そんな性欲のバイオリズムが朝からムチャクチャ高くて……表面的には涼しい顔をしつつ、ほんとはカラダの芯を悶々と疼きまくらせながら、あるお客様の家を訪ねたときのことでした。

その月、私はあまり保険の契約実績を上げることができず、日々支店長から発破をかけられ続けている中、入社当初から可愛がってもらっている仲のいい先輩に、大口の契約をしてくれそうなお客様を紹介してもらい、ワラにもすがる思いでした。

そこは洋風一戸建ての、とても立派なお宅でした。

約束の時間にインタフォンで来意を告げると、返事があった後中から出てきたのは、快活で若々しい、どう見ても五十歳ぐらいにしか見えない、現役感溢れる男性だったので、びっくりしてしまいました。

というのも、先輩からあらかじめ聞いていたその方のプロフィールは、現在年齢は六十六歳。奥様とは三年前に病気で死別して一人暮らし。昨年某大企業の重役職を退き、今は悠々自適の隠居生活。二人の息子さんはすでに独立してそれぞれ家庭を持っていて、今回、三人いるお孫さんのために保険に入ってくれるかも……というものだったからです。

六十八歳？　隠居？　孫？　……そのどれもが、今目の前にいる男性のイメージからは遠くかけ離れたもので、私は内心、かなり動揺していました。

あっ、動揺って変ですね……すみません、こう言い直しましょう。

私はかなり欲情してしまっていました。

そう、その全身から発散される若々しく快活なエネルギーと、見るからに頑健でたくましい肉体的魅力に当てられ、私は例の悶々と燃えくすぶる性欲の炎に油を注がれてしまったんです。

でも私は、必死でその不埒な昂りを抑え込みつつ、応接室でお茶を出してもらいながら、保険商品についてパソコンの画面で一生懸命説明していったのですが、彼はその内容に今一つ納得がいかないようで、反応はかなり渋いものでした。

私の中で、ジリジリと焦りと不安の気持ちが強くなっていきましたが、それが高じていくうちに、なんだか妙なスイッチが入ってしまったようで……私は彼の対面の席のソファから立ち上がると、間のガラスのローテーブルを回り込んで彼の隣りのソファに腰かけていました。

そしてピッタリとカラダを密着させると、彼の耳朶に息を吹きかけるようにしながら、こう言ってたんです。

「あの……これ、枕営業だなんて思わないでくださいね？　正直に告白しちゃっていいですか？」

「え？　ま、枕営業って……な、何ですか？」

怪訝な様子でうろたえ気味の彼に、私はさらに言いました。

「契約とか抜きで……私、お客様とシたくてシたくてたまらなくなっちゃったんです！　お願いです、私のこと思いっきり愛してくださいっ！」

と、横から彼に抱きつき、その耳の穴に舌を差し入れヌロヌロと舐め回しながら、体をまさぐりました。白いシャツの上に薄いカーディガンを羽織っただけの薄着の彼の体は、そうやって触っただけで容易に引き締まった筋肉で覆われていることが感じ取れました。私はハァハァと息を荒げながら、特にその乳首の辺りに愛撫を集中させ、衣服越しに撫で回し、摘まみこねて……すると、すぐに乳首が固く尖ってくるのがわかりました。

「い、いや……こ、こんなの困るよ……き、きみっ……」

彼は困ったようにそう言いましたが、私が手を下のほうに伸ばしてスラックスの上から股間をまさぐると、そこはびっくりするくらい硬く膨らんでいました。とてもじゃないけど六十六歳のみなぎり方じゃありません。

「だってほら、ここはもうこんなに……！　お願い、しゃぶらせてっ！」

私はもう完全に自制心を失い、そう言うと自ら服を脱ぎ、下着を取り去って裸になると、彼のカーディガンをはだけてシャツをめくり上げ、さんざん乳首をねぶり回したあと、スラックスとパンツを脱がせました。そしてビンビンに勃起しているペニスを咥え、しゃぶり回しました。

「んあっ……はぁっ……大きくて、とっても硬い！　ハァハァハァ……お、お願いっ、早くコレを私のココにちょうだいっ！」

そう言いながらさらに激しく吸うと、彼もかなり昂ってきたらしく、先端から滲み出たぬめった舌触りと、えも言われず甘苦い淫味を感じました。

「……あ、ああっ……んくぅ……」

もう彼のほうも抵抗の言葉を吐くこともなくなり、気持ちよさそうに悶え喘いで……私はガマンできずに、彼の上に飛び乗りました。そして彼と向き合う形でその左右の肩に両手を置くと、M字開脚の要領で大きく彼の体をまたぎ、その手で垂直に支え立たせてもらった勃起ペニスの頭からアソコでズブズブと呑み込んでいきました。

「ああっ、あ、はぁ……んあぁっ……！」

私はしばし、膣内の肉びらを内側からグイグイと圧迫してくる肉棒の力感を愉しんだあと、いよいよ性欲エンジン全開！　しっかりと彼の両肩を掴んでバランスをとりながら、ペニスをしっかりと咥え込んだアソコを上下動させて、肉の抜き差しを激しくしていきました。

「んあっ、はぁっ、あんっ……はうっ、ううっ……！」

「う、うぐぅ……う、うっ……す、すごいっ……ああっ！」

私が感じる以上に彼の昂りもエスカレートしているようで、私は杭打ち機のようにズンズン、ガシガシと腰を騎乗位ピストンさせながら、アソコの中でますますペニスが固く大きく膨張していくのを感じていました。

するとそうこうするうち、

「うう……た、たまらんっ……！」

一声そう唸った彼が私を自分の上から引き下ろすと、今度は私をソファの上に座らせ、左右に大きく開かせたアソコに真正面からペニスを突き入れてきました。

「んあぁ……あ、あひぃ～～～～っ！」

さっきまでの女性上位の騎乗位とはまた違う、オスの迫力溢れるエネルギーが私の性感を貫き、暴力的なまでに熱い快感が押し寄せてきます。

「ああっ、あぁ……いい、いいわぁっ！　あんっ……」

「うぐぅ……ぼ、僕も……ああ、イキそうだ……」

「ああ、きてきてきてぇっ！　熱いのいっぱいぶちこんでぇ！」

「……んぐっ……うっ……！」

「あ、ああ……あああ～～～～～～～～～っ！」

私も彼も、最高の瞬間を迎えていました。

結果、決して枕営業を狙ったわけじゃなく、自分の欲望に正直に行動しただけなのに、私は彼から大口の保険契約を得ることができました。

性的にも仕事的にも大満足！　最高の一日となった体験です。

■期待と興奮のあまり私の声は震え、次いでズブリと貫いてくるたくましい肉感……

イケメン大学生アルバイトの熱い欲望を受け止めて！

投稿者　辻井もえ（仮名）／30歳／パート

近所のスーパーでパート勤めをし始めて、いま四年目になります。

当初はレジ係として入ったのですが、うちの店もコロナ禍やら時代の流れやらで対面レジが減ってセルフレジが増えたせいで、去年から店内厨房でおもに揚げ物担当のお惣菜調理係に配置換えになりました。

レジ係と違ってお客さんとほとんど接することのない厨房勤めになり、顔もスタイルも、ちょっと容姿に自信のある私は、当初けっこうモチベーションが下がったものです。というのも、当然来店するのはほとんどが主婦メインの女性客なわけですが、中には少なからず男性客もチラホラいて……そんな男性客からチラチラと、ときにはあからさまにエロい視線を向けられるのは、相手がイケてようがイケてなかろうが、なかなか刺激的で、けっこう好きだったからです。

それが、私とあと二人の女性パートだけという、何の刺激もない厨房という閉じられた空間で、ひたすらフライや天ぷらを揚げる日々に変わってしまったわけですから、化粧ひとつするにも気合いが入らなくなるというものでしょう。

ところが、そんなくすぶった気持ちが、ある日一変しました。

さっきお話しした女性パートのうちの一人が家庭の事情で辞めることになったのですが、その欠員補充の新人アルバイトとして入ってきたのが、なんと、なかなかイケてる若い男性だったんです。

彼は名前を耕太くんといい、近くの大学に通う三年生（一浪しているということで年齢は二十二歳）でした。すらっと背が高く、キンプリの平野○耀似のさわやかイケメンで、私は一目見た瞬間に彼のことを気に入ってしまいました。

いや、別にうちの夫のことはちゃんと愛してるし、耕太くんとイケナイことしたいとか、そんなつもりはさらさらありませんでしたが、まあ、目の保養というか、心の栄養剤というか……気持ちが浮き立つのって悪いことじゃないですよね？

そんなふうに、私は日々、耕太くんのそばで一緒に働き、他愛のない会話を交わすだけで十分満足、心に張りが生まれたようなかんじで、職場に来るのが楽しくて仕方ないくらいでした。

でも、つい二週間ほど前のことです。

夢にも思わない展開が、私を待ち受けていました。

午後五時すぎ、担当シフトを終えて私服に着替えた私は、家路につこうとスーパーの裏側にある従業員用出入り口から外へ出たのですが、なんとそこで、二時間前に上がったはずの耕太くんが待ち受けていたんです。

「お疲れ様です、辻井さん」

「あ……お、お疲れ様、耕太くん。なに、どうしたの？」

私は怪訝に思いながらも、なぜだかドキドキと高鳴ってくる胸の鼓動を抑えることができませんでした。私のことを見る耕太くんの目の中に、何か尋常じゃない光を見てとっていたんだと思います。

「いや……さっき上がる前、辻井さんが後藤さんに、今日は主人が出張でいないから、家に帰っても一人で気楽なものよ、って言ってたのを聞いたものだから……」

「え？　そのことが耕太くんに一体何の関係があるっていうの……？」

彼の答えは、さらに私の頭を混乱させるものでした。

でも同時にそれは、私に何かよからぬ期待を抱かせるものでもありました。

「その……辻井さんの家に遊びに行きたいなって、思って……」

そして、さらに続いた彼の言葉に、私の中の期待は決定的なものになりました。

私の家で……遊ぶ……ねえ、何して遊ぶの？

夕闇の中を二人並んで歩きながら、いつしか私たちは手をつないでいました。

何も言葉が出てこない私に、耕太くんは言いました。

「辻井さん……いや、もえさんのことが好きなんです！」

そして、ギュウッと強く、つないだ手を握り締めてきて……！

その瞬間に、私たちの心は通じ合ったのだと思います。

思いもよらぬ耕太くんの気持ちをぶつけられて、私の彼に対する好意が急激に膨らんでいくのがわかりました。カーッと全身が熱を持ったかんじで、握った手がジットリと汗ばんでいきます。

今やもう二人ともすっかり無言になってしまい、ただひたすら黙って速足で歩き、徒歩十分ばかりのところにある、私の自宅マンションへと向かっていました。

そしてドアの鍵を開け、玄関で履物を脱いで室内に上がるや否や、耕太くんは私を抱きしめ、唇を重ねてきました。そして息ができないかと思うくらい長い長いキスを終えると、彼は私の服を脱がせ、私も彼の服を脱がせていきました。

あえて小さい灯りしかつけず、暗いオレンジ色に沈む室内で全裸で向き合う私と耕太くん。ふと、下のほうからゆらぎ立ち昇る熱気を感じてそちらのほうを見ると、ほぼ直角、お腹にぴったりとくっつかんばかりの勢いで彼のペニスが雄々しく屹立し、それはまるで猛り狂った毒蛇の鎌首のようでした。

そしてそれを見た瞬間、私の中のスイッチが入りました。

さっきまで耕太くんの気魄に押されるまま、あくまで受け身だったのが、あっという間に彼に対する欲望で気も狂わんばかりになってしまったんです。

「ああっ……好き！　私も大好きよ、耕太くんっ！」

私は彼の前にひざまずくと、ジュッポ、ジュップ、ジュブブと世にも激しい音をたてながらペニスを舐めしゃぶり、その若く瑞々しいオスの味わいをむさぼりました。

「あ、ああっ、あうぅ……もえさんっ……！」

たまらずその快感に、しばし悶え喘いでいた耕太くんでしたが、やおら私の両肩を摑んで立たせると、キッチンシンクの縁に両手をつかせて背後に回り込み、私の左右の腰のくぼみを両手でしっかりと摑んできました。

そして後ろからヌルリと私の濡れた肉門にあてがわれる、熱く固い昂り……。

「……ああ、耕太……く……ん……っ！」

期待と興奮のあまり私の声は震え、次いでズブリと貫いてくるたくましい肉感！

「んあぁっ！　はぁ……あ、あんっ……あうぅ！」

「あ、ああ……もえさん、もえさん、はぁはぁはぁ……」

耕太くんの肉の抜き差しは徐々に速く、深くなっていき、その高まる一方の快感に私の性感もますます燃え上がるばかり！

「あひ……いい、いいわ、耕太くん！　んあっ……私、もう……イ、ク……」

「んくぅっ……もえさん、ボクも……あう、ふう……」

そして、耕太くんの熱いほとばしりがたっぷりと胎内で弾けた瞬間、

「ああっ……あ、あふ……イクイク、イク～～～～～～～～ッ！」

私はあられもなく絶頂の果てに吹き飛んでいたのでした。

耕太くんとの関係はまだこのときの一回だけで、相変わらず物欲しそうな目を向けてくる彼に気づかないふりをしている私ですが、果たしてこの先どうなってしまうことか……？　日増しに彼のことを愛しく思うようになってしまっている自分に気づき、不安と昂りに苛まれる今日この頃なのです。

■三人のたくましくみなぎる男性器を見せつけられながら、淫らに激しく愛撫され……

ギャンブル依存の夫のせいで三人の男に犯され汚されて

投稿者　浅川あいり（仮名）／26歳／OL

それは、あまりにも衝撃的で……そして、罪深い出来事だった。

私は去年、元々高校の同級生だった俊介と結婚したのだけど、すっかり真面目で堅実なサラリーマンだと思っていた彼が、実は重度のギャンブル依存症で、決して少なくない額の借金を抱えていることを知ったのは、結婚後一ヶ月が過ぎたあたりのことだった。その額、利息を含めて二百五十万。

思わず頭を抱えてしまった私だけど、まさか、はい、じゃあ離婚ね、というわけにもいかず、仕方なく自分の知り合いや親戚からお金を借りて（彼のほうの親戚にはすでに相当額を借りており、もう愛想を尽かされていた）耳を揃えて返済。借りた皆には、もちろん無利子で少しずつ返していくということで、ある程度身ぎれいにし、

「いい？　これからは真面目になって、もう二度とギャンブルなんかに手を出しちゃダメよ！　どうせ勝てやしないんだから。心機一転、生活を立て直しましょう？」

「ああ、わかったよ。真面目になるって約束する」

と俊介にも約束させ、私はその言葉を信じたのだけど……ギャンブラーなんかを信用した私がバカだった。

それから半年後、勤めを終えた私が自宅マンションに戻ると、すでに俊介も帰宅していて、さらに玄関には見慣れない男物の靴が何足か……どうやら来客のようだ。

「俊介、ただいまー」

「ああ、おかえり、あいり。お疲れ様」

私を出迎えた俊介は、なんだかオドオドしているような様子だった。

「うん……ねえ、誰か来てるの？」

私が問うと、

「あ、ああ……ちょっとね……」

ますますその様子が怪しくなる。

その理由はすぐにわかった。

私が俊介と一緒にリビングに入っていくと、そこにいたのは見知らぬ三人の男で、一斉に私のことを、上から下まで舐めるように見てきたのだ。そして、

「おーおー、なかなかいい女じゃないの」

「ああ、顔もカラダもイケてるねえ」

「ほんと、俊介にはもったいないんじゃないの？　くくく……」

と、まるで品定めするように下卑た口調で言ってきて……あからさまに、まともな客じゃないことがわかった。

「ねえ、俊介、この人たちは……？」

私が訊こうとすると、俊介に答えるいとまも与えず、

「ああ、奥さん、はじめまして。俺ら、こいつのギャンブル仲間。いつも仲良く遊ばせてもらってます。今日は、これまでコイツが競馬やらパチンコやらにつぎ込んだ金の肩代わりした分を取り戻しに来させてもらいました」

と、中の一人が言った。私は驚いて、

「ええっ⁉　あなた、まだギャンブルやってたの？　もう二度とやらないって私と約束したのに？」

そうなじるように言ったのだけど、俊介は、

「ごめん、あいり！　もうどうにも自分を抑えられなくて……！」

泣くような声でそう言い、うなだれるばかり。

すると、それを聞いていた一人がニヤニヤしながら、

「うんうん、やっちゃったもんは仕方ねーよなー？　五十万だっけ？　俺らから借りたのは？　だから今日はその利息分……十万円分だけでも取り戻させてもらうべくお邪魔させてもらったわけです。奥さん、あんたのカラダでね」

と、とんでもないことを言いだした。

私は身体からイヤな汗が噴き出すのを感じながら、

「ちょ、ちょっと俊介！　こんな悪い冗談やめさせてよ！　ねえっ！」

と夫に取りすがったのだけど、彼からは何の反応もなく……すると、三人の中の一人がズイと前に出てくると、こう言った。

「四の五の言ってねぇで、奥さん、黙ってあんたが俺らにヤらせりゃいいんだよ！　亭主の借りを妻が返すのは当然だろうが！　なあ、俊介、期限までに返せなかったら、そういう約束だったよなあ？」

「ご、ごめん！　あいり……本当にごめん！」

俊介がそう答え、私はようやくことの成り行きを悟った。

私は借金のカタ……利息分として夫に売られたのだ。

「さあ、わかったかい、奥さん？　わかったらさっさと服を脱いで裸になりな」

もう、彼らの言うことを聞くしかなさそうだ。

　私は言われたとおり、会社への出勤用のスーツの上着から始めて、スカート、ブラウス、ストッキング、下着と脱いでいき……とうとう初対面の男たち三人の前で一糸まとわぬ姿をさらすことになってしまった。夫は今や部屋の隅に座り込んで、泣きながらうなだれている有様だ。

「うーん、色白でピチピチの肌がたまんねーなー」
「胸もデカくて柔らかそうだ」
「アソコがけっこう毛深いのもいいなあ」

　三人の男たちが、ヨダレを垂らさんばかりの勢いで私をガン見して口々に言いながら、自分たちも服を脱いでいった。二人は中肉中背の普通体形だったが、あと一人はたくましいマッチョ体形で、股間のアレも平常時で相当でかく迫力があった。

　そして三人一斉に私のほうに歩み寄ってくると、裸の体を各々好き放題に触り始めた。乳房を摑み、ワシワシと揉みしだきながら、乳首を摘まんでこねくり回し、しゃぶりついてベロベロ、チュウチュウと舐め吸って。

　股間の茂みをザリザリと掻き分け、撫で回しながら、敏感なクリトリスをクニュクニュと押しつぶすようにしてもてあそび、ワレメの内側の肉ひだに指を差し入れて掻き回してきて。

そして、アナルの中にもグリグリと押し込まれて。

そうしながら、三人の男たちの股間も見る見る反応してくるのがわかった。グッ、ググッ、グググ……と固く大きくみなぎり、次々に雄々しく上向いてきて。

すると、自分でも信じられないことに、私の性感も反応してきてしまった。たくましくみなぎる男性器を見せつけられながら、カラダのあちこちを淫らに激しく愛撫され、その相乗効果で否応もなく甘美な刺激が……！　乳首は痛いくらい固く突き立ち、アソコは溢れ出した大量の粘ついた汁で無様なくらい濡れそぼってきて！

「……んっ、んん……ふぅ……く……」

歯を食いしばって必死で押し殺そうとするのだけど、どうしようもなく甘くせつない喘ぎ声が、喉の奥から洩れこぼれてしまう。

「ああ、すげえ……乳首ビンビンにおっ立ってるぜ！」

「ほらほら、マ○コももう大洪水だ！　ヌレヌレすぎて、俺の指の皮がふやけてベロベロになりそうだぜ」

おまけにそうやって口々に淫語責めされるものだから、それも合わさって私のカラダは過剰なまでに淫らにとろけ堕ちてしまう。

「……あ、ああ……あふう！」

とうとう、そう甲高い喘ぎ声をあげると、私は崩れ落ちるように床に膝をついてしまった。

「おお、よしよし、俺らのチ○ポしゃぶりたくって仕方ないってことだな？　いいぜ、たっぷり味わわせてやるぜ、おらおらっ！」

言うなり、マッチョ男の怖いくらいの巨根が口にねじ込まれてきた。グイグイと喉奥まで突かれて、その苦しさのあまりえずきながらも、私は無我夢中で肉棒を啜りしゃぶっていた。苦痛と陶酔の狭間で、何だか意識が朦朧としてくる。

「あがっ、はぁっ……んぶ、ぬぶぅ、じゅぷ……んぐ、んぐっ……」

「おおぉ……いいぜぇ……最高の舌遣いだ！　チ○ポがとろけそうだぜ」

「ほらほら、こっちもしゃぶってくれよっ！」

私は、横からそう言って差し出された勃起チ○ポを摑むと、マッチョ男のモノから一旦離した口で咥え込み、一心不乱でしゃぶり始めた。その間、残る一人の男は私の胸を舐め、アソコを指で掻き回しているものだから、被虐と加虐と……めくるめく錯綜した快感の中で、もう頭がおかしくなってしまいそうだ。

「ああ！　もうたまらん！　このギンギンにいきり立ったモノで、このくされマ○コ、めちゃくちゃに犯しまくってやるっ！」

マッチョ男がいきなりそう叫ぶと、あとの二人を薙ぎ払うようにして私を床に押し倒し、大きく開いたアソコに限界まで膨張した勃起巨根を突き入れてきた。

「あっ、ああっ！　んあっ……はぁ……あひぃぃぃぃぃっ……！」

カラダが壊れんばかりの迫力で激しく腰を打ち付けられ、私はその恐ろしいほどの快感にたまらず喜悦の悲鳴をあげてしまう。

「ううっ……うおっ……！」

そして男が激しく放出したあと、次々に残る二人も私に覆いかぶさってきて……三人の男がぶちまけた大量の精液で、私のカラダはドロドロに汚されてしまった。

「ふうっ、すげえよかったぜ、奥さん。これで利息の十万はチャラだ。まあ、もしまた俺ら三人の相手してくれるっていうのなら、さすがに十万ってわけにはいかねえが、五万くらいなら借金棒引きにしてやってもいいぜ？　はははっ」

そう言い残し、彼らは去っていった。

横で死んだような目をしてうなだれている俊介のことを見ながら、私は心の中で、またカラダで借金を返してもいいな、と思っていた。

だって、この世のモノとは思えないくらいの快感と興奮だったのだもの。

■背後から乳房を揉まれながら肉ひだを責めたてられ、私は感じすぎたあまり……

音大生の淫らな運指に女と女の悦びを目覚めさせられて

投稿者　三田村果歩（仮名）／28歳／専業主婦

三歳の娘がピアノを習いたいと言いだし、私はとても喜びました。私も幼い頃からピアノを習っていて、一時は本気でピアニストになりたいと思ったくらい、熱心だったからです。まあその後、よくある話ですが、一応音大に行ったものの、自分の才能の限界を思い知りピアニストはあきらめ、一般企業に就職。そこで今の夫と知り合い結婚し、専業主婦に納まったというわけです。

でも、嫁入り道具として長年弾いてきたピアノを持ってきていたので、たまに気が向いたときにはちょっと触ってみたりして……それを見ていたのでしょう。娘がピアノに興味を持ってくれたことが、無性に嬉しかったんです。それは、自分の見果てぬ夢を娘に託したかったのかもしれません。

とはいうものの、うちの近所にピアノ教室などはなかったので、私はかつての音大時代の友人のツテで、現役音大生のピアノ講師にアルバイトで自宅まで教えに来てもらうことにしました。

彼女は沙紀さんといい音大の三回生で、いかにも育ちのよさそうなお嬢さんタイプの美人でした。

彼女には週に一回、毎木曜日の午後二時から四時までの二時間に渡って、娘のピアノ・レッスンを受け持ってもらうことにしたのですが、初回から嬉しいことを言ってくれて、私は天にも昇る気持ちでした。

「やっぱり、お母さんの血を引いているからかもしれませんね。お嬢さん、すごく筋がいいですよ。音感も優れているようですから、この先しっかりとレッスンしていけば、将来本当にピアニストも夢じゃないかも？」

「ほんとですか？　だったら嬉しいわあ」

こうして、私はいとも簡単に彼女に気を許してしまったのです。

そして、彼女にレッスンに来てもらうようになって、二ヶ月弱が過ぎた頃だったでしょうか？　実に間の悪いことに、いつもの時間に彼女がやって来るのとほぼ同時に、娘が「なんかすごく頭が熱い……」と言いだし、体温を計ってみると三十八度近くもあり、せっかく来てくれた彼女には申し訳ないけど、急遽レッスンは中止ということになり、私は詫びながら言いました。

「ごめんなさいね、沙紀さん。お月謝はちゃんと定額お支払いさせてもらうので、今週のレッスンは一回スキップということで」

　すると、彼女は意外なことを言いだしました。

「あの、もしよかったら、今日はお母さんのレッスンをするということでどうですか？　いや、というよりも、昔はピアニストを目指されたというお母さんの演奏を、一度聴いてみたいなあって思って……だめでしょうか？」

　私はちょっとびっくりしましたが、正直、最近の娘の楽しそうな様子を見るにつけ、自分の中でもかつてのピアノへの情熱が再燃するような思いがあって……快く「それもいいわね。じゃあ、お願いしようかしら？」と答えていました。

　解熱剤を飲ませると、ほどなく眠気を催した娘を二階の自室に寝かせたあと、私と沙紀さんはピアノのある一階の応接間で、二人の間では初めてとなるレッスンを始めました。私は気合いを入れてかつて得意としていた曲を弾き、沙紀さんはじっと黙ってそれを聴き終えたあと、ようやく口を開きました。

「すばらしいです。とても音大時代から六年ものブランクがあるとは思えません。指もよく動いていましたし、弾き間違いもほんのわずか。リズム感もとてもよかったです。でも、しいて言うと……」

彼女はピアノの前に座っている私の背後に回ると、二人羽織のような格好で私の両手に手を添えながら、運指の流れの悪かった部分について、実地で矯正レクチャーを始めました。

「はい、ここでぐっと指間を開いて」

「あ、ここの流れがよくないですね。もっとこうして……」

そう言いながら、どんどんレッスンに熱が入ってきたのか、覆いかぶさった彼女の胸が私の背中に密着し、過剰なまでにグイグイと押し込んでくるように感じられました。彼女は着やせして見えるたちなのか、思いのほかその胸の肉房は大きく重く私の背中を圧してきて……私は思わずとまどいを覚えてしまいました。

「あ、あの、沙紀さん……ちょっとその……胸が、あの……」

私は何だか恥ずかしくて、言葉を濁しながら注意を促したのですが、そう言われた彼女の反応は意外すぎるものでした。

「へんな気分に……なっちゃいました?」

「……えっ……?」

彼女は背後から私の耳朶に熱い息を吹きかけながら、ねっとりとからみつくような声で言うと、なんといきなり両手を前方に回し、私の左右の乳房をグニュグニュと揉みしだいてきたのです。

「ちょ、ちょょっと沙紀さん、いったい何を……？　ああっ……」

私は彼女の思わぬ行為にうろたえ、身をよじってその手から逃れようとしたのですが、あまりにも力強く、そして巧みで淫らな運指にからめとられるうちに脱力してしまい……そうするうちに彼女は器用に私の着ているチュニックの中に手を突っ込み、ブラを外し取ってしまいました。そしていよいよナマ乳をムニュムニュと揉み回し、乳首を摘まんでよじり、濃密な刺激を送り込んできて……！

「あ、ああっ……ダ、ダメッ、沙紀さん！　やめて……んあぁ！」

「ああ、お母さん……いえ、奥さん！　私、初めて会ったときから、ずっとこうしたかったんです！　奥さんのことが好きなんです！」

それは沙紀さんの思いもよらぬ愛の告白でした。

「んあっ、あぁっ……そんなバカなこと……あっ、ああん！」

私の抵抗の声などまるで耳に入っていないかのように、彼女の行為はさらにエスカレート！　片方の手が私の下腹部のほうに回り込むと、パンツのジッパーを下ろし、下着をこじ開けて、直接股間の秘部に指を押し込んできました。そしてグチュヌチュと肉ひだを搔き回してきて……自分でも信じられないことに、私のそこはすでに恥ずかしいくらい濡れ乱れていました。

完全に沙紀さんの淫戯に篭絡されてしまったのです。

「あっ、ああ、あひっ……」

背後から乳房を揉まれながら肉ひだを責めたてられ、私は感じすぎたあまり、思わずピアノの鍵盤の上に突っ伏してしまい、その瞬間、「バーン！」という大きく激しい音が弾け、部屋の空気を震わせました。

「あ、ああっ……奥さん、好き、好きっ！」

「あ、ああっ、あひ……んあぁ〜〜〜っ！」

とうとう私の肉体は、彼女の淫戯によってイキ堕とされてしまいました。

沙紀さんが自分で言っていたとおり、レズビアンの彼女は所見で気に入って以来、最初から私のことを狙っていたようです。

そしてその後どうなったかというと、彼女の適切で熱心な指導によって娘のピアノの腕前はメキメキと上がり、私と彼女の関係性は……今や相思相愛、私はさすがに心までそうなりきることはできませんが、肉体は完全にレズビアンとして開発されてしまったのです。

■係長は背後から、熱いいきり立ちでわたしの肉割れの縁をヌルヌルと撫で回し……

資料室の静寂の中で乱れ狂うわたしのインラン性癖

投稿者　大山弥生（仮名）／31歳／公務員

今日は十五日。

月に一回の、わたしと係長の逢瀬の日。

「いってきます」「ああ、いってらっしゃい。気をつけて」

在宅でリモート勤務の夫とそう出掛けの挨拶を交わし、一歩家を出た瞬間から、もう係長に逢いたくて逢いたくて、係長と愛し合いたくて愛し合いたくてたまらなくなり、アソコをしとどに濡らしてしまっているあたしがいる。

係長と不倫の関係になってから、もうそろそろ一年と少し。

決して、わたしのことを愛してくれる、やさしい夫のことが嫌いなわけじゃない。

そう、わたしの心はずっと夫の貞淑な妻。

でも、カラダは？

正直に言うとカラダはちがう。

カラダは性悪なインラン妻。

一年と少し前のあの日の晩、部署内の飲み会でひどく酔っぱらってしまったわたしを、比較的家の近い係長がタクシーで送ってくれるということになったのだけど、タクシーがまっすぐ家に向かうことはなく……途中でわたしはホテルに連れ込まれ、人事不省のまま係長に犯されてしまった。

もちろん事後、その事実を知ったわたしは係長に対して憤り、彼のことを許せなかったけど、カラダはそうじゃなかった。過度のアルコール摂取で酩酊しながら、わたしの性感に刻み込まれた係長のセックスの刻印は深く大きく、幾度もイかされた強烈な快感の記憶に全身の隅々まで支配されてしまったのだった。

結果、その三日後、わたしは自ら係長に乞うていた。

わたしとセックスしてくださいと。

あの夜の快感が忘れられないんですと。

それはまぎれもない、わたしに全霊の愛を注いでくれる夫への裏切りだったけど、わたしには自分でその裏切り行為を止めだてる手段がなかった。

なぜなら夫は、原因はわからなかったけど、もうずっと不能だったから。

わたしのカラダを愛することができなかったから。

狂おしいまでに女としての悦びに飢えきっていたわたしは、もはや係長の性の奴隷になり果ててしまっていたから。

なのに月に一度の今日、待ちに待った逢瀬への昂りと快感への期待で弾けんばかりになっているわたしに対して、係長はあっけらかんとこう言った。

「ああ、大山さん、ごめん。今日の夜、都合が悪くなっちゃった。今回はスキップして、また来月の十五日ってことで頼むよ」

冗談じゃない、この期に及んでさらにもう一ヶ月おあずけだなんて……係長のチ〇ポ欲しすぎて、オマ〇コ破裂しちゃう！

とてもじゃないけど受け入れがたいその殺生な宣告に、わたしは必死で抗い、泣きついた挙句、ようやく、

「はいはい、わかったわかった。じゃあ、今日の夕方四時、第一資料室で逢おう。時間はあまりないから、そこでさっさと済ませよう」

という言葉を、係長から得ることができた。

わたしはホッと胸を撫でおろした。

たとえ係長の言葉の端々から、まったくしょーがねーなー、この欲求不満のインランくされマ〇コ女が……という蔑みの響きがどれだけ感じられようとも……だってそ

れは否定しようのない事実なのだから。

そして約束の午後四時の三分ほど前、万全を期して仕事回りの根回しを済ませたわたしは誰はばかることなく、例によって誰もおらず、しんと静まり返った資料室に忍び入ると、部屋いっぱいに並んだスチール製キャビネットの狭間で、じっと係長のことを待った。

四時五分すぎ、ようやく係長がやってきた。

例によって、時間がないと言いながら、このあまりにも人を舐めきった余裕の登場……でもわたしは怒ったりしない。いや、わたしこそ、そんな余裕はない。とにかくチ〇ポを！　早く係長のセックスが欲しいのだから！

「ごめん、ごめん。待った？」

いけしゃあしゃあと入ってきた係長のスーツの袖を引っ張り、壁際に立たせると、わたしはその前にしゃがみ込んで、カチャカチャとズボンのベルトを外しにかかる。ストンとズボンがくるぶしのところまで落ち、わたしはさらに地味な柄のトランクスを下までずり下げると、現れた愛しい仮性包茎のペニスの皮をニュルリと剝き、大きくて赤黒い亀頭をパクリと唇で咥え込む。そして、ジュプ、ヌプ、ジュルル、チュプ……と、たっぷりの唾液を含ませ、まとわせながら舐めしゃぶっていく。

「……う、ふぅ……んあっ、あぁ……おおう……」

わたしに責められながら発せられる係長の甘い喘ぎを頭上に聞きながら、わたしのほうもますます淫らに昂っていく。口の中のペニスはもう限界いっぱいまで固く大きく張り詰め、わたしを窒息させんばかりに喉奥を突いてくる。

「ぷはっ……ああ、もうガマンできない！　係長、早く！　この太くて固いオチン○ン、わたしのオマ○コの奥まで突っ込んでくださいっ！」

わたしはペニスを口から離してそう懇願すると、自らストッキングとパンティを足首までずり下げ、スカートをめくり上げて両手を壁につき、お尻を突き出した。この部屋には横になれるスペースなどないので、こうして立位でするしか、まぐわう方法がないのだ。

「くどいようだけど……僕、避妊なんかしないけど、それでもいいんだよね？」

係長は背後から、熱いいきり立ちでわたしの肉割れの縁をヌルヌルと撫で回しながら、いつもの決まり文句を口に出す。たとえ孕んでも責任はとらないよ、とばかりに。

そんなの百も承知、わたしも期待なんかしていない。

ただひたすら今、係長が注ぎ込んでくれる熱い快感が欲しいだけ。

「そんなの大丈夫……っ、ああっ！　あふっ……！」

係長は、一応聞いてみただけという真意もあからさまに、わたしが全部を答え終わらないうちに背後からズブリと挿入してきた。そしてもう簡単には抜け落ちたりしないほど奥深くまで貫いた上で、腰だけ激しくズンズンと前後にピストンさせながら、前に回した両手でわたしの胸を鷲摑み、ムギュムギュと揉みしだいてくる。あらかじめノーブラで服の前もはだけて露わになっていたわたしの白い乳房が、興奮で赤らみ、押し寄せる荒々しい快感にヒクヒクとわななないた。

「あ、ああっ……すごい、いいっ！　んああっ……」

「うっ……うおぉ、も、もう出すぞっ……いいな⁉」

「ああっ……きてきてきてぇっ……あひ、あああ～～～～っ！」

爆裂するようなピストンのラストスパートの果てに、わたしは係長の熱いほとばしりを胎内で受け止めながらケダモノのようにイキ悶えて……満ち溢れたザーメンがボタボタと床にこぼれ落ちるのを呆けたように眺めていた。

ああ、性悪なインラン妻のカラダと縁を切れる日など、永遠に来そうにはない。

■彼女は、めくり上げたカットソーから覗いた豊かな乳房を激しく震わせ揺らし……

料理教室でお互いの淫らな肉をむさぼり合う先生と僕

投稿者　鳥内修平（仮名）／31歳／システムエンジニア

僕の会社では、コロナ禍を契機に無駄なコストを徹底的に見直す方向に舵を切り、事業所の規模を三分の一に縮小してビルの賃貸経費を大幅に削減し、全社員のおよそ八割近くが在宅でのリモート勤務となりました。従って社員の通勤交通費や営業交際費もがっつり浮く形となり、そのぶんが在宅ワークのためのパソコン機器のアップグレードやインターネット環境の拡充整備に回された格好です。

おかげで日々の通勤のストレスや、めんどくさい人間関係のアレコレは無くなり、仕事効率もがぜん上がったのはいいのですが、いかんせん、それは同時にこれまで何らかの形であった日常の刺激がほとんどなくなってしまったことを意味し……ぶっちゃけ、すげーつまらない暮らしになってしまったわけです。

そこで僕は、以前よりも増えた自由に使える時間を楽しく有効利用すべく、前から興味のあった料理教室に通うことにしました。僕はまだ独身ですが、この先結婚しても、『男子厨房に立つべし』はもはや常識でしょうからね。

でもまさか、そこで全然ちがうものが『立つ』ことになっちゃうとは……さすがの僕僕もまったくの想定外でしたけどね。

歩いて行けるぐらいのご近所で、どこかいい料理教室がないか調べたところ、徒歩十分弱ぐらいの立地でうってつけの所があるのを見つけました。佐藤ナオミ先生（仮名）という女流料理研究家の方が主宰しているそこは、入会費・月謝（材料費含む）的にもリーズナブルで、週二回、午後二時からという開講ペースも僕の都合的にはちょうどよく、早速翌週一回目の教室からの参加ということで申し込みました。

そして当日行ってみると、その日の生徒数は全十人、うち四人が僕も含めて男性ということで、やっぱり時代だな～と思いましたが、続いて主宰の佐藤ナオミ先生を目にした途端、いやいや、こりゃ時代とかじゃなく、ひょっとして男の生徒は皆、彼女目当てなんじゃないの？　と思ってしまうほど、その容姿は魅力的でした。

事前にホームページで見たプロフィールには現在四十一歳とあったけど、実物はせいぜいアラサーぐらいにしか見えないほど若々しく、しかもここ最近大人気の女優・吉岡○帆似のラブリー&セクシーフェイス！　おまけに、料理指導の妨げにならないようにだとは思いますが、胸元が少し深めに開いたパープルカラーのカットソーとタイトなジーンズに包まれたそのカラダは、スリムだけど魅力的な凹凸に満ちたナイスバディで、僕も一瞬見とれてしまったほどです。

とはいえ、聞いた話だと向こうは会社経営者のご主人を持つセレブ人妻で、料理教室はそれで収入を得るというよりも、あくまで趣味の延長という我々庶民とは異なる余裕っぷり。たとえ彼女目当てに通ったとしても相手にされるものでもないと、重々わかってはいたのですけどね。

ところが、五回目の教室に行ったその日、僕のそんなちょっと自虐的な意識など吹っ飛んでしまう、驚愕の事態が起こったんです！

それまでの四回の料理指導を通して、僕はナオミ先生から「料理の筋がいい」と褒められ、がぜん張り切って意欲的に取り組んだこともあって、男性生徒の中では抜きんでて一目置かれる存在になっていたのですが、教室終了後に僕だけ彼女からこう言って頼まれごとをしたんです。

「このあと、個人的に新しいお肉料理に取り組みたいと思っているんだけど、その調理補助を鳥打さんにお願いできないかしら？　けっこう大きくて重い牛のブロック肉を使うから、男手が欲しいところなのよね。だめ？」

「だめなもんですか！　喜んで手伝わせていただきますよ」

もちろん、僕は快諾しました。

「ありがとう、助かるわあ！」

ナオミ先生はそう言ってとても喜んでくれて、他の生徒さんたちが皆帰ったあとの二時間、僕はナオミ先生の調理補助を一生懸命がんばったわけです。

そして完成後、二人でできた料理を試食し、僕はそのあまりの美味しさに感動し、作ったナオミ先生のことを激賞したのですが、それに対して彼女は言いました。

「ありがとう、嬉しいわ。それじゃあ実はもうひとつ、あなたに食べてほしいお肉があるんだけど……頼んでもいい？」

「もちろんいいですよ。じゃんじゃんいただきますとも！」

と、調子よく僕が答えた瞬間でした。

彼女は自分の着ていた厚手のカットソーの胸元ををおもむろにめくり上げると、なんとノーブラの形のいいナマ乳房を僕の口に押しつけてきたんです。

「……んっ、うぷっ……せ、先生、な、何をっ……!?」

先生の乳房を口に僕が驚愕しながら言うと、彼女はそれに答えることなく、同時にズボンの上から僕の股間をまさぐってきました。そして、弾むような声で、

「あーん、やっぱり大きい！　このソーセージのステキな膨らみ、いつもズボンの上

から舌なめずりしながらチラ見してたの……おいしそーって！」

なんとナオミ先生は、最初から僕の股間の膨らみをロックオンしていたのでした。あとで聞いた話だと、彼女のご主人は二回り近くも年上で、もう満足にペニスが勃起することはなく、まだ若い先生は欲求不満のあまり毎日ムラムラ悶々……そんなとき目の前に生徒として現れた僕の股間にクギ付けになってしまい、いつかソレをむさぼり食うべく、虎視眈々だったのだといいます。

ナオミ先生はナマ乳をさらけ出したまま僕の前にひざまずくと、否応もなくビンビンに勃起してきたペニスをしゃぶり、その先走り汁と自らの唾液でダラダラの濡れまみれ状態になったところを、ズリズリ、ヌチャヌチャとパイズリしてきました。

「ああん、すてきぃ……固くて大きくて、とっても熱いぃ！　んぶっ……はう！」

そしてパイズリしながらさらに亀頭を咥え込んでくるものだから、そのあまりの気持ちよさに僕ももうたまりません。

「くうっ…せ、先生！　このままだと僕……ヤ、ヤバイです！　出ちゃいそう……」

「だめだめ、だめよっ！　この極太のソーセージ、私の下のオクチで食べさせてぇ！」

彼女は自ら広いステンレスの調理台の上に上がると、ジーンズとパンティを脱ぎ去り、大股を広げて僕を煽ってきました。ソコはもうドロドロのグチャグチャに濡れ乱れて、湯気が立たんばかりの淫らな熱気を発散させています。

僕もそれに応えるべく下半身裸になると、彼女の両脚を抱えて勃起ペニスを入り口にあてがい、ズブズブとめり込ませていきました。

「……あっ、ああっ……ああん、オチ○ポすごぉい……奥まで突いてくるぅ！」

そう悶え喘ぎながら僕の腰に両脚を巻き付けて締め上げてくる彼女に応えて、ガンガン掘削していく僕。すると彼女はオマ○コをヌチャヌチャ、グジュグジュとあられもない肉声で啼かせながら、めくり上げたカットソーから覗いた豊かな乳房を激しく震わせ揺らしてますます狂ったように昂っていって……！

「あ、あ、ああっ……イクイク！　もうイッちゃう〜〜〜〜っ！」

「あうっ……先生っ、ぼ、僕ももうっ……！」

僕は寸でのところでペニスを引き抜くと、彼女の乳房を汚すほど盛大に大量の精をぶっ放し、彼女のほうも全身を大きくのけ反らせ、ヒクヒクとわななかせながら、絶頂に達したようでした。

それ以来、月に三〜四回のペースでナオミ先生との関係を続けている僕ですが、彼女との魅惑のセックスに夢中になる余り、料理の腕があまり上がっていないのが、何だかなぁ〜という今日この頃なのです。

■もう限界まで淫らに濡れ乱れた肉びらを、固くて熱いカタマリ感が押し開き……

職場の二階でサカリのついたダンナのアレを咥え込んで

投稿者 坂本由那（仮名）／24歳／書店アルバイト

去年結婚したばかりの新婚のアタシ。

家計的事情が主だけど、こう、今どきのギャル風で一見チャラついて見えて、意外と本好き（もっぱら『ハリー○ッター』とかのファンタジーだけど）なもので、近所の小さな本屋さんでアルバイトしてる。

その本屋さん、店自体はめちゃくちゃ狭くて敷地は三十平米ぐらいしかなく、多少の在庫ストックと従業員用トイレ、そして休憩所を兼ねた小さな事務所は、まるでハシゴのような激セマ&超急傾斜の階段を上がった二階にあるという、なんともこじんまりとした造りなんだけど、駅のすぐ前という立地のおかげで朝夕の通勤通学時間帯は鬼のように忙しく、この書店受難のご時世とは裏腹にめちゃくちゃ販売効率のいい店だったりする（まあその代わり、どさくさにまぎれての万引き被害は多いし、通勤通学客のいない休日はやたらヒマだけどね）。

そんな職場で、つい最近アタシがやらかした、オイタな話。

アタシの通常の勤務シフトは、月曜から金曜、朝九時の開店から午後三時までの六時間（うち昼の食事休憩時間三十分）ていうかんじなんだけど、その日、アタシが休憩に入るとほぼ同時に、ダンナの修平（二十六歳）がやってきた。他のスタッフとも顔なじみだから、一階店舗にいる誰かに一声かけるだけで、簡単に二階の休憩所まで上がって来れちゃうのね。

工場勤務の修平は、今日は午後四時から翌朝六時までのきっつい通し遅番だって言ってたはずだけど、こんな時間にいったい何の用だろ？

「おう、由那、急に来ちまってごめんな！」

と、休憩所に一脚だけあるソファに座り、昼食用に買ってきたパンと飲み物に手をつけようとしてたアタシに、修平はとんでもないことを言いだした。

「なあ、由那、頼む。このあとオレが勤務に入る前にイッパツでいいからヤらせてくれ！　なんだかもうさっきから気分がムラムラしちまって、そうでもしないと治まりそうにないんだわ……なっ？」

……はあ？　何言ってんの、コイツ⁉　そんなの自分で勝手にヌいて治めりゃいいでしょ！　こっちは今、貴重な三十分しかないんだから……冗談じゃないよ。

そう言っても、まったく聞きわけがなかった。

「なあ、頼むよ。せっかく新婚なのに、マスかくなんて寂しいじゃんよ？　ほらほら、由那とのエッチを頭に思い描いたさっきから、もうずーっとこの調子なんだよ～……かわいそうだと思わない？」

修平はおもむろにズボンを下げると、勃起したチ○ポをアタシの鼻先に突き付けてきて……それは確かに、ここ最近見た覚えがないほどの勢いでビンビンに反り返ってて、今にも九十度の角度でお腹にくっつかんばかり！　おまけに早くも先端から透明な先走り汁を滲み出させせてる。

「なあなあ、パンなんかいいから、こっちを食ってくれよお～～っ」

まるで駄々っ子のようにそう言い、パンパンに張り詰めた亀頭をグイグイとアタシの唇に押しつけてくる修平に、こっちもだんだん押され気味……ちょっとかわいく思え、かつ気分が昂ってきちゃった。

「……んもうっ、ホント言いだしたら聞かないんだからぁ……」

アタシはとうとう根負けし、仕方なく昼食をあきらめると、ソファに座ったまま、前に仁王立ちした修平の勃起チ○ポを咥えてあげた。彼の太腿に手を置き、唇に含んだ亀頭を口内でクチュクチュと吸い啜り、なめらかなヘリ部分に舌を這わせキャンディをしゃぶるように何度も舐め転がして……。

「……あう、うう……いいよ、由那ぁ……」

修平が漏らす喘ぎ声を聞きながら、アタシのほうもますます昂り燃え、アソコを中心にカラダ中がジンジンと熱くなってくるのがわかる。

「ああ……あはぁん、修平……はうぅ……」

ジュルジュル、ヌブヌブ、チュパチュパ、ングングと、亀頭から竿の根元までのしゃぶり立てを激しく濃厚にしていきながら、同時にタマタマも手のひらで握り込み、コリコリ、クニュクニュと揉み転がしてあげて……。

「んくぅぅ……サ、サイコーだぁ、由那ぁ……あ、ああっ……」

修平の喘ぎがぜん切羽詰まったと思いきや、アタシの口内でチ○ポが一気に膨張し、張り詰める。

「ああっ……イイッ！　由那……オレ、もうっ……！」

そう言って、とうとう達しようとした修平のチ○ポの根元をギュッときつく握り締め、アタシはとがめるような口調で言った。

「ダメだよ、修平！　勝手に一人でイこうだなんて許さないんだから！　ここまでアタシをその気にさせたんなら、ちゃんと最後まで面倒みてもらわないと！」

「……あっ、由那っ……チ○ポ、きっついよぉ……」

まさにイク寸前で、アタシにその射精の流れを止められた修平は、笑っちゃうほど情けない声をあげたけど、こっちこそ笑いごとじゃない。

「イッパツやらせろって言いだしたのは、アンタのほうでしょ？　こっちはそれに応えて一生懸命盛り立ててたんだから、そっちもそれ相応の責任持ちなさいよ！」

「う、うう〜〜……わ、わかったよぉ、由那ぁ……」

アタシはソファから立ち上がり、逆に修平を押しやるようにして座らせると、今度は自分がジーンズと下着を脱いで、下半身剝きだしの格好になった。そしてすでにエッチな汁を分泌させ、糸を引いてしたたらせたアソコをパックリと開くと、修平の肩に両手を置いて真正面からまたがり、勃起チ○ポに向けて腰を下ろしていった。

ヌチュッ……ズッ……ズプリ……。

まず大きな亀頭を吞み込み、次に肉竿をズルズルッと……。

もう限界まで淫らに濡れ乱れた肉びらを、固くて熱いカタマリ感が押し開き、奥のほうまで貫いていく肉感が、ほんともうたまらない！

「……あっ、あ……んあっ……！」

アタシは彼の肩に置いた両手で支え、バランスをとりながらカラダを上下に弾ませ、同時に下から突き上げてくる、限界まで膨張したチ〇ポの固い肉感を目いっぱい喰い締め、しぼり上げていく。

「くはっ、はっ、はぁっ……ああ、由那……オレ、もう限界……」

「ああん、ダメ！　まだダメよ……もっと……もっと突いてぇっ！」

ところが、あともうちょっとでイケる……アタシが絶頂へのカウントダウンに入ったそのときだった。

「くあぁ、あ、んぐっ……！」

アタシの中で修平のチ〇ポがものの見事に炸裂し、噴き出した熱いほとばしりが胎内をジュワジュワと満たしていって……当然、アタシは置いてけぼりだった。

「ふ〜っ、スッキリした！　ありがとな、由那。皆さんによろしく！」

よろしくじゃねーよ、このヤロー！

結局、中途半端に生殺しにされたアタシのほうが、今度は修平が帰ってくるのをウズウズしながら待つ羽目になったという、イタ〜イお話でした！

■パンツの中にまで及んだ手は、私の尻肉を、土手高のアソコをまさぐり愛撫して……

ウォーキング中の雨宿りHで豊満ボディを淫らに揺らして

投稿者　牧野芽衣（仮名）／33歳／パート

よくいえばぽっちゃり、悪くいえばデブ。

何よりも食べることが好きな私は、一方で体を動かすことが嫌いなもので、そうやって自分を甘やかす生活を続けているうちに、まわりから陰でそんなふうに言われるようになってしまいました。

夫からは、

「もうちょっと痩せてくれないと、おまえとエッチする気なんて起きやしないよ」

などと言われセックスレス状態で……いや、自分が悪いんですけど、もうここのところ慢性的に欲求不満を抱えているかんじです。あれ？　じゃあ夫のほうはどうしてるんだろう？　エッチしないで平気なの？　……きっと浮気してるに決まってます。

くそっ！　絶対にキュッと絞って、昔のもっとスレンダーだった頃の体形を取り戻して、夫に抱きたいと思わせてやる！

とはいえ、ハードな運動とかは絶対に無理なので、私は日々の食事制限と併せて、適度な距離のウォーキングを日課に取り入れることにしました。

パート勤め上がりの夕方五時くらいからのおよそ一時間、幸い日の高い季節になってきたので暗くて危険なようなこともなく、まあまあの汗をかきながら程よい運動量をこなすことができて、とってもいいかんじ。

すると、日々同じ時間帯、同じ近所の公園の周回コースでウォーキングに励んでいる何人かの顔なじみができました。中でも私より一回りくらい年上の三宅さんという男性とはとても話が合い、一番の仲良しになりました。三宅さんは数年前に脱サラして、今は個人で輸入業を営んでいるということで時間の融通が利き、運動不足解消のために毎日歩いているのだといいます。

「いやー、こうやって一汗流したあとのビールがまた格別でねえ……って、あれっ、それじゃあ意味ないか?」

なんて言って笑わせてくれる、とっても楽しくていい人なんです。

でも、そんな楽しくていい人の三宅さんが、いきなり嬉しい(?)豹変をしてくれたのは、ほんの数日前のこと。早速そのことをお話ししちゃいます。

いつもどおり、夕方五時すぎに集まったウォーキング仲間は三人で、うち二人が私と三宅さんでした。でもあと一人は歩き出してすぐ、足の付け根の辺りがちょっと痛いと言いだし、大事をとって今日は休むということで帰ってしまいました。

　仕方なく、あれこれと四方山話をしながら二人並んで歩き出した私と三宅さんでしたが、十五分ほど行った辺りだったでしょうか。それまで穏やかに晴れていた天気が急変、土砂降りの激しい雨になってしまったんです。雨具を持っていない私たちは大慌てで駆け出し、なんとか公園内近辺にあった東屋《あずまや》にたどり着き、雨宿り場所を確保することができました。東屋というのは、屋根を四方にふきおろし、壁がなく柱だけの小屋のことですね。周囲の景色を見渡しながら休憩できる造りになっています。

「いや〜、こりゃまいりましたね〜！」

「ほんと、一瞬でずぶ濡れですもんね〜……夕立かしら？」

「とりあえず雨がやむまで、ここで待機するしかありませんね」

　私と三宅さんはそんな会話を交わしながら、中にしつらえられたベンチに座っていたのですが、なにぶん狭いスペースなので、自ずとお互いに二、三センチほどしかない距離で隣り合う格好です。

　すると当時、気温はおよそ二十五度ほどもあって暑かった上に、二人とも着ていたTシャツも下のウォーキング用パンツも雨と汗でずぶ濡れで、身体から発散される湿った体温が、ほぼ密着せんばかりの距離で座ったお互いのカラダを、まとわりつくような熱気で包み込んでいるみたいでした。

私はなぜか、いたたまれないような心地を覚えるようになっていました。だって……そんなえも言われぬ熱気の中、私の濡れた白いTシャツはベッチョリと肌に張り付き、下に着けたピンク色のブラがくっきりと透けて見えてしまっていたから。

そしてそれを、三宅さんがチラチラと横目に盗み見るようにしてたから。

ああ、早く雨、やんでくれないかなー……。

ひたすらそう願う私でしたが、皮肉にも雨脚は強くなる一方で、あまりの激しい降り方に、周囲の景色もかすんでよく見えないほどです。

そんな、耳を聾せんばかりのザーザーという激しい雨音の合間に、ハァハァという熱い息遣いが聞こえてきました。もちろん、三宅さんのものです。

え……三宅さん、興奮してる？　この雰囲気、ちょっとヤバくない？

そう私の警戒心がぐっと高まった、その瞬間。

「……ま、牧野さん……っ！」

三宅さんが一声そう発すると、横がかえに私のカラダを抱きしめてきました。

「えっ、ええっ⁉　み、三宅さん、な、何するんですかっ……！」

私は叫び、必死で彼の手から逃れようとしましたが、それはぴくともせず、むしろ逆にグイグイとその力を強めながら、体中をまさぐってきます。そして、

「ああ、牧野さん……最初に出会ったときから、ずっとこうしたかった！　このふくよかで豊満な肉体……ああ、たまらないっ！　僕の理想の女性だよぉ！」

三宅さんは思いもよらない心中を吐露しながら、ベッタリと肌に張り付いたTシャツを引き剝がすようにして私の肌に触れ、ブラ越しに胸を揉みこね回し、なぜかお腹の肉を愛でるように執拗に撫で回してきました。

「あ、ああっ……牧野さんっ！　おおっ、ポッテリお尻もサイコー！」

そしていつの間にかパンツの中にまで及んだ手は、私の尻肉を、土手高のアソコをまさぐり愛撫してきて……自分の湿った陰毛が立てるジョリジョリ、ズチャズチャいう淫靡な音を聞きながら、私は羞恥と陶酔感の中、言いようのない昂りを覚えるようになってしまいました。

「あ、ああん……だ、だめ……三宅さん……んあぁっ！」

「だめだなんて……牧野さんのココはそうは言ってないよ！」

私の抵抗の声に対し、三宅さんはアソコに突っ込んだ指を搔き回して盛大にヌチャヌチャ、グチュグチュいわせることで、イヤらしく反駁してきました。

「さあ、牧野さん！　牧野さんは全然痩せる必要なんてないんだよ！　今の体型の牧野さんが、僕の理想の女性なんだあっ！」

そしてひと際大きくそう声を発すると、私のブラを外して、あえて濡れたTシャツ越しにジュクジュク、グチュグチュいわせながら乳房を揉みしだき、下はベロンと裸に剝いて、とうとう生チ○ポを挿入してきました。

それは思いのほか、大きくて太くて固くて……私は激しく抜き差しされるうちに久しぶりに味わうセックスの快感に陶酔し、いつの間にかここが野外であることなど、まったく気にならなくなってしまいました。

「あ、ああ、あん……いい、いいわ、三宅さんっ……んあぁっ！」

「ああ、この豊満ボディ、サイコーだ！　牧野さん、ずっと……ずっとこのままでいてくださーいっ！」

そして二人とも存分に満足した頃、すっかり雨は上がり、公園内は草木の緑にキラキラと夜露を含んだ、美しく静かな夜を迎えていました。

これから先、ますます三宅さんとのウォーキングが楽しくなりそうです。……え、夫？　私の魅力がわからない人なんて、こっちからもう願い下げです。

第四章

背徳の快楽に溺れた女豹たち

■私の手の中で固く大きく身をうねらせる彼のモノも、粘つく汁を垂らして……

雨に濡れた満員電車の中で淫らな痴女と化した私

投稿者 木村奈々緒（仮名）／31歳／OL

それは、梅雨の季節の終わり頃のこと。

ひときわジメジメとした鬱陶しい雨天のその日、朝の七時半すぎに私は会社に向かうべく、いつもと変わらぬ満員の通勤電車に乗っていた。私も含めて乗客は皆、雨に濡れた傘を持っていて、それが周囲の人の服や、スカートから出た脚にベタベタとくっつき、不快なことこの上ない。

おまけに私の場合、朝出がけに夫と激しい言い争いを繰り広げてきたものだから、まだその怒りの余韻があとを引いていて、輪をかけて不機嫌さはＭＡＸだった。

原因は夫の別れた前妻のこと。

そう、私は去年、バツイチの夫の再婚相手として彼の妻となったのだけど、なんとついこの間、今でも夫が隠れて前妻と会っていることを知ってしまったのだ。夫は、かつては自分にとっても義理親だった、向こうの両親に関する相談を受けてと言っているけど、そんなの怪しいものだ。だって、前妻の日菜子さんは私から見ても、とても四十路近いとは思えない若々しい美貌とセクシーさを持つ人だったから、夫がまだ彼女への未練を捨てきれなくてつい……なんて邪推してしまっても仕方ないというものだ。とまあ、そんなことがあったところにこの不快な通勤状況ということで、私は、とんだとばっちりだとは思うが、特に身の回りにいる『オトコ』に対して、なんだかやたら攻撃的な気分になっていた。

さて、そんなときだった。

膝丈の私のスカートの上から、誰かが太腿を撫で回してくる感触を覚えたのは。

そもそも雨のしずくに濡れて湿り、肌にベッタリと張り付いている生地の上から、さらに汗だか雨だかで妙にウエッティになった肌質の手らしきものが触れてくる感覚は、まるでナメクジがズリズリと這い回っているかのように気色悪く、私は思わずゾクリと怖気をふるってしまった。

いったい誰よ？　今日の最悪な気分の私に、こんなふざけた痴漢行為を仕掛けてくるヤツは!?　ほんとにもう、どいつもこいつも！

私は、ジットリと重い湿気を孕みながら、立錐の余地なくひしめき合っている人込みの中で少し首をひねって、その痴漢の顔を見ようとした。

そして、思わずハッとしてしまった。

その男の雰囲気が……なんだか夫に似ていたのだ。

背格好や顔の感じは言わずもがな、まあまあ高そうな仕立てのスーツを着こなしたそのスタイルも、どの女に対してもいいカッコしいの夫に通じるものがあって、私はどうしようもなくムカッ腹が立ってきてしまった。

あんたときたら、おまけに痴漢までっ……！

『お、おれじゃねーよ！』

まるでそんな文句が聞こえてきそうな、夫にしてみればとんだ言いがかりだとはわかりつつも、私の荒ぶるハートは収まらず……制御不能の暴走を始めてしまう。

男は黒いビジネス用リュックを体の前のほうで抱え持ち、おそらくその中に折り畳み傘も入っているのだろう、両手は空いており、片方でつり革を摑みながら、もう片方で私の太腿に触れていたのだけど、私もお返しとばかりに片手を伸ばし、スーツのズボンの上から彼の股間を鷲摑んでやった。その瞬間の彼のびっくりした顔といったら……皮肉な笑みでさらに追い打ちをかけてやろうかと思ったのだけど、私は私で、思わぬ衝撃のせいでそんな余裕すらなくなってしまっていた。

というのも、彼の股間のモノが……とんでもなく大きな代物だったから。

私へ痴漢行為を仕掛けている興奮で、多少はアレに血流が巡って通常より膨張してはいるだろうけど、それでもまだ全然勃起には至っていないだろう段階でこのボリュームだなんて……こんなの絶対、夫の軽く一・五倍はあるわ！

そう認識すると、さっきまでの、悪さをした相手を懲らしめてやろうという攻撃的な高揚に加えて、否定しようのない性的な昂りの炎がメラメラと私の中に燃え上がってきてしまった。

こ、このイチモツ……思いっきり勃起したら、一体どのくらいの大きさになるんだろう？　み、見てみたい……握ってみたい……！

私はズボンのファスナーを摘まむと、盛りのついた女豹になったような上から目線の淫乱さで、チチチチ……とそれを下ろしていき、そのパックリと開いた穴の中に手を潜り込ませた。すると、ピッチリとしたボクサーショーツの薄い布地の下で膨らみかけ、隠微に熱気を放ち始めているソレに触れ、ますますエロいテンションが上がってしまう。

幸い、周りの乗客たちはそれぞれの手元のスマホに夢中で、私と男の密かなやりとりになど何の注意も向けていないようだけど、彼のほうは周囲の目が気になるようで顔を真っ赤にして目を泳がせている。

だったら最初から痴漢なんかするなっつーの。

私はより一層、女豹感を昂らせ、ボクサーショーツの前部分をこじ開けて中のモノを摑むと、無理やりズボンの外へと引っ張り出した。

「……あ、あああっ……ちょ、ちょっと……」

たまらず困ったような囁き声を発した男だったが、そんなのに聞き耳を持つような私じゃない。ゆっくりと握った手を前後に動かしてモノをしごきだしながら、ガッツリとアイコンで彼の目の中に念を送り込んでやった。

ほら、あなたも私のをいじって気持ちよくさせなさいよ！　ほらほらっ！

……するとまさか、まさか……！

男はスカートの中、手を太腿からジワジワと上のほうに這い上がらせてくると、とうとう私が念じたとおり、パンストの上から股間に触れてきたのだ。

わあ、信じる者は救われるって本当ね！（ちがうか？）

私としてはそのままパンストをこじ開けて直接アソコに触れてほしかったけど、さすがにそこまでは彼も踏み込めないようで……あくまでパンスト越しに私のワレメの筋に沿って指先を這わせてくるにとどまった。

う～ん……キモチいいけど物足りないなあ……でもま、仕方ないか。

私は彼の指の動きが醸し出すほどほどの快感を味わいつつ、対してそのイチモツをしごく手に力を入れ、淫らな動きを速く激しくしていった。すると程なくソレはとんでもない大きさに……！

完全勃起したイチモツは全長三十センチ、太さも直径五センチはあったんじゃないだろうか？　ほんと、こんなとんでもないデカブツが車内でさらされてるっていうのに、よく周りの誰も気がつかないものね……日本人のスマホ依存、いい加減何とかしたほうがいいよ？　マジで！（笑）

とか言いつつ、私はさらにしごきを激しくしていき、それに応じて彼のほうも布地の上から私のワレメを押し込み、ほじくる指に力を入れていって……。

あ、ああっ……も、もう少しでイキそう……。

私の快感は高まり、その手の中で固く大きく身をうねらせる彼のモノも、粘つく汁を垂らしてヒクついてきて……！

でも、残念ながらそこでタイムリミット。

私の降りる駅に電車が止まり、私は名残惜しくも男のペニスに別れを告げると、降車客の人波に押し流されるようにして、ホームへ出てしまった。

しょうがない、会社へ向かうか……と思った私だったけど、結局そうはしなかった。

そのまま駅構内にある女子トイレに駆け込むと、個室に入って鍵を締め、パンストを足首まで下ろして便座に腰掛けた。

こんな中途半端に昂らされた状態で仕事へなんか行けるわけない。

「あ、課長？　私、木村です。お疲れ様です。申し訳ないのですが不測の事態でちょっと遅れてしまいそうで……はい、はい、すみません。よろしくお願いします」

私は右手に持ったスマホでそう上司に連絡しながら、左手の指でアソコのジュクジュクに濡れ乱れた秘肉をえぐり、掻き回していた。

んもうっ！　こんなことになっちゃうなんて……元はといえば悪いのは夫よね？　罪滅ぼしに今夜は、腰が抜けるまで奉仕させてやるんだから！

……と、そんなことを思いながら。

■アタシは五十嵐さんの執拗な舐めテクで全身の性感をビンビンに鋭くしながら……

自分の三倍近く年上の男性の老練Hテクに見事にハマって

投稿者　栗田なぎさ（仮名）／23歳／アルバイト

高校を卒業してすぐに、同い歳の卓也とデキちゃった結婚したアタシ。

それから三年たって、息子の賢也は順調にすくすく育ったものの、卓也のほうは大工見習いでまだまだ収入もしょぼく、アタシも働かないわけにはいかず、賢也を保育園に預けて、家の近所にあるカフェでアルバイトしてる。

自分でいうのもなんだけど、アタシってけっこうかわいいから、アタシ目当てで店にやってくる男性客は少なくない。

週に三、四回というへビロテでやってくる五十嵐さんもそんな一人だけど、驚くことになんとその年齢は六十六歳！　アタシの三倍近く年上だなんて、マジびっくりだよね。頭は総白髪で真っ白だし、体形もダルッとゆるんで筋肉のカケラもない、いかにもおじいさんってかんじだけど、本人は至ってヤル気満々。

「ねえねえ、なぎさちゃん、試しに一回オレとエッチしてみようって！　オレ、若い頃から遊びすぎたもんで、結局この歳になるまで独身できちゃったけど、その甲斐あってかアッチのほうのテクにはかなり自信あるんだよ〜。な？　ヤろうよ〜！　絶対に損はさせないからさ〜」

ってかんじでしつこいったらありゃしない。

だから、なかば冗談でこんなことを言ってみた。

「う〜ん、そうだな〜……うち、家計苦しいから、たっぷりお小遣いくれるんだったら、考えてみてもいいよ〜？」

すると、

「ほんとにっ⁉　よしよし、お小遣いあげるとも！　だからヤろっ？　ね、ね？」

五十嵐さんったら、『そりゃエンコーだろ！　よくないよ〜』なんて言ってアタシをたしなめるどころか、逆に超ノリノリになっちゃった。

聞いた話だと個人輸入の仕事をしてるっていうことで、そこそこお金持ちらしいけど……「じゃあ、ヤらしてくれたら、お小遣いいくらくれるの？」とアタシが訊くと、
五十嵐さんは人差し指を一本立てて見せてきた。

「えっ、一万円⁉　しょ、しょぼっ……！」

アタシがガッカリして言うと、五十嵐さんはニヤリと笑ってこう言った。

「バ〜カ、その十倍だよ」

……ハイ、もちアタシはマッハでオッケーしちゃってたってわけ。

そして数日後、卓也を仕事に送り出し、賢也を保育園に預けたアタシは、前日に店長に伝えてあったとおりカフェの休みをもらうと、五十嵐さんが運転する、古いけど雰囲気があってかっこいいアメ車の助手席に乗っかり、海沿いの道をドライブがてら、西海岸っぽいオシャレなかんじのホテルへと連れていかれた。

五十嵐さんが選んでくれたのは、大きな窓から陽がさんさんと差し込み、美しい海岸線が眺め渡せる、もう超サイコーの部屋で、正直、アタシのテンションもけっこう上がってきた。

「じゃあ、まずは一緒にお風呂に入ろうか」

五十嵐さんはそう言うと、私に裸になってバスルームに入るよう促し、自分もさっさと服を脱いでいった。その体は、やっぱり張りのない老人そのもので、股間にぶら下がったオチン〇ンも小さく、しなびたかんじで……一旦盛り上がったアタシのテンションも、急速に盛り下がっちゃった。

そんなアタシの様子に気がついたのか、つかないのか……五十嵐さんは素知らぬ顔で鼻歌を歌いながら、手にたっぷりのボディシャンプーの液を出すと、それをワシャワシャと泡立てて、自分とアタシ、お互いの体に塗りたくっていった。そしてすっかり泡まみれになったアタシのオッパイをヌルヌル撫で回してくれるのかと思いきや、あえて敏感な丸い膨らみとピンクの突起には触れず、そこだけよけるようにして脇の下やお腹、脇腹なんかに手を這わせてきて……うわーん、なんなのこの焦れったさ！　かと思うと、背中やお尻、そして太腿なんかは撫で回してくれるけど、肝心の股間のアソコだけはよけて、まるで寸止めのように微妙な部分にヌメヌメを延ばし広げてくる。アタシはその歯がゆさに、どんどんガマンできなくなってきちゃって……。

「……あ、あの……オッパ……とか、オマ○……とか……触ってほしい……」

とうとう自分からおねだりしちゃってた。

「え？　何だって？　声が小さくてよく聞こえないよー。もっと大声ではっきり言ってもらわないとさあ。どこを触ってほしいって？」

「……もうっ！　オッパイとかオマ○コ、ちゃんと触ってって言ってるの！」

アタシは五十嵐さんの意地悪な対応にブチギレ、思わず大声で叫んでた。

「ふふふ……わかったよ。じゃあ代わりにオレのも触ってくれよ、な？」

五十嵐さんはようやく、泡まみれの私のオッパイとオマ○コに触れ、ニュルニュル、ヌチョヌチョと撫で回してくれながら、自分の股間のモノを突き出してきた。アタシは待ちかねたその愛撫の気持ちよさに体をくねらせながら、だらんとして小さいままのオチン○ンを掴み、ヌニュヌニュと揉み回してあげて。

「……う、ううん……ああ、いいかんじだよ。それにようやくアレも効いてきた」

「アレ……？」

「ああ、この歳になると、そうそうすぐにはペニスも反応しないし、立ちも悪くなってくるからな……バイアグラっていうED治療薬を飲んでるんだ。ほら、もう一回触ってごらん？　……どうだい？」

五十嵐さんのソレは確かに見る見る固く大きくなってきて、さっきまでとは見違えるみたいだった。アタシたちはそれからシャワーで泡を洗い流して体を拭き、ベッドルームへと移動した。

そしてそれから、今度は五十嵐さんの『ナメナメ地獄』が始まった。

ベッドの上で、アタシのカラダの隅から隅まで、一時間どころか二時間近くをかけて舐め回し、吸いしゃぶって……アタシはもう勘弁してっていうくらい、全身の性感帯という性感帯を目覚めさせられ、感じさせまくられて……こんな粘っこい、毛穴の一つ一つにまで染み込んできそうな快感を味わうのは、生まれて初めてだった。

「あ、あはぁ……んあっ、あふぅ……んくふぅ……」

「ほらほら、こんなねちっこいの、若くて精力が有り余ってるダンナは絶対にやってくれないだろ？　オレだったら、二時間でも三時間でも舐め狂わせてやれるぜ？」

確かにこれは相当いいかも……？　アタシは五十嵐さんの執拗な舐めテクで全身の性感をビンビンに鋭くしながら、彼のオチン○ンの挿入を今か今かと待ちわびて……とうとうソレがアソコに入ってきたときには、その本当の大きさと固さ以上のインパクトを叩きつけられたようで、自分でも信じられないくらい感じまくっちゃった。

「んあぁっ！　あひぃ……はあっ……いいっ！　いいわ～～～！」

「おおう……なぎさちゃん、なぎさちゃあん……！」

最後、アタシは五十嵐さんの上にまたがり、オッパイを振り乱しながら腰を振りまくり、当初は思いもしなかった高齢男性との合体の気持ちよさに無我夢中になってた。

「ああっ……だめっ！　……もう……イク～～～～ッ！」

ほんと、最初に五十嵐さんが言ってた『アッチのほうのテク』に偽りはなかった。

そして、これでさらにお小遣い十万円がもらえるなんて、マジおいしすぎない？　と、アタシは彼との関係にすっかり味をしめてしまったっていうわけ。

■奥さんはオレの顔を上目づかいに見ながら、勃起ペニスをジュプリと咥え込んで……

豊満フェロモン課長夫人に掟破りの性奉仕をさせられて

投稿者 市村隼人（仮名）／28歳／会社員

つい先週、会社で課内の飲み会があって、何だか完全に酔いつぶれちゃった課長を、自宅まで送り届けるはめになったときの話なんだけど。

実はオレ、先月中途入社したばっかで、課内では完全な下っ端扱いなもんで、先輩たちから課長の面倒を無理やり押しつけられちゃったわけだけど、そのときの皆の様子が何だか変だったんだよね。皆揃って課長の家に行くのがイヤそうで。理由を聞いても教えてくれないの、何だか思わせぶりな苦笑いを浮かべてさ。

「まあ、行きゃあわかるから。おまえも一回、課員として経験しとくといいよ、課長の家の洗礼をさ」

「……はあ、洗礼っすか……？」

みたいな。

先輩から課長の住所を教えてもらい、課長と二人タクシーに乗り込んで四十分ほど走り、郊外にある課長宅に着いたのは夜中の一時頃。まあこの時点で俺は帰ることは不可能、課長宅に泊めてもらうしかなかったわけだけど、迎えに出てきた課長の奥さんを見て、ちょっと驚いた。

課長が四十二歳だから、奥さんもおおよそ同じような年頃だとは思うのだが、歳相応に老けてるなんてことはまったくなく、それどころかその年輪が濃厚な色っぽさとなって全身を包んでるような感じで、その元宝塚女優の真矢〇きを思わせるなかなかの美貌とあいまって、めちゃくちゃ魅力的だったからだ。

ボディのほうも適度に脂がのっていて、太めというよりもムッチリ豊満……襟ぐりが深く開いた黒いカットソーの胸元から覗く白い谷間の深さに、思わず引き込まれそうになり、短めのスカートから覗く太腿もやたら艶めかしかった。

「あらあら、ほんとにすみませんねえ、うちのがとんだご迷惑かけちゃって。じゃあとりあえず、ちょっと寝室まで運ぶのを手伝ってもらえるかしら？」

奥さんにそう言われてもちろんオレは従い、二人で両脇から支えながら、意識のない課長を二階にある夫婦の寝室まで連れていき、スーツ姿のまま、二つあるシングルベッドのうちの一つに寝かせた。

（あれ……夫婦で一緒のベッドには寝てないいんだ）

などと余計なお世話なことを思っていたオレに、

「どうもありがとう、お疲れ様。今晩は、今空いてる息子の部屋のベッドで寝てもらうことになるけど、いいかしら？」

「あ、はい、もちろんです」

一人息子さんは今年から県外の大学に通い、下宿暮らしだという。

「じゃあよかったら寝る前にシャワー浴びてちょうだい。汗かいたでしょ？」

確かにちょっと気持ち悪かったオレは、ありがたくその申し出を受け、汗を流させてもらうことにした。「はい、お言葉に甘えて」

オレは一階にある浴室まで案内してもらうと、脱衣所で裸になりシャワーの栓をひねった。目を閉じて熱いお湯を気持ちよく頭から浴びていると、なぜだかさっきの奥さんの姿が脳裏に浮かんできた。

白く豊満な乳房が作り出す深い胸の谷間。

適度な肉感が醸し出す、さわり心地のよさそうな太腿。

おっと、いけね……立ってきちゃったよ。

オレのペニスは奥さんの姿に反応し、見る見る勃起してきてしまい……必死で落ち着かせようとしたんだけどなかなか治まらず、仕方なくオレは、こうなったら一発ヌクしかないと、勃起ペニスを握ってしごき始めた。

と、そのときだった、いきなり浴室の引き戸が開けられたのは。

「ええっ⁉」と驚き、目をやったオレの前にいたのは、なんと裸の奥さんだった。

奥さんはシャワーのお湯の下、呆然と突っ立ったオレの恥態を眺めながら、

「うふふ、なかなか出てこないからおかしいなーって思ったら……あらあら、案の定……その手に握ったもの、何でそんなになっちゃってるのかなあ？」

と、イジワルそうな笑みを浮かべつつ浴室の中に入ってきた。

「あ、え、その……す、すみません！　あの、これは……」

しどろもどろで弁解しようとするオレの口は、ぽってりと肉厚な奥さんの唇によってふさがれ、そのまま奥さんはシャワーのお湯を浴びながらオレを抱きしめてきた。

爛熟した魅惑の肉感がオレの体に妖艶にまとわりついて……。
ヤ、ヤバイヤバイ、ヤバイって……！
オレのペニスは落ち着くどころかますますいきり立ち、限界まで痛いぐらいに固く張り詰めてしまった。

すると奥さんはさんざんオレの唇をむさぼり、舌を吸ったあと、

「ああ、すごい、これ……怖いくらいビンビンになっちゃって……うちの人、こんな

ふうにならなくなって、もう二年くらいかしら？　それにしてもあなたのオチン○ン、今までうちに来た課員の人の中でいちばんスゴイわ。すてき……」

と言い、ここにきてオレはようやく、先輩たちのおかしな様子のワケを悟ったわけだ。皆、役立たずの課長の代わりに奥さんに食われちゃってたわけね。

でも……確かにこれはたまらん！

オレは、シャワーのお湯でずぶ濡れになりながら淫らにひしゃげた豊乳をオレの胸に押しつけ、ぬめらせ這わせる奥さんの攻撃に身をさらし、そのたまらん色香とめくるめく快感に手も足も出なかった。

そんなオレの顔を上目づかいに見ながら、奥さんは濡れた裸体をずり下げていくと、握っていたオレの手を外し、勃起ペニスをジュプリと咥え込んできた。そしてそのままオレから目線を外すことなく、ゆっくりと顔を上下させてフェラの抜き差しを始めて……あ、ああ、こ、これはキモチいいっ……！　とろけるっ……。

「……はぁあああう……オヒンホ、おいひいわぁ……んじゅぷ、んぶっ、じゅるるっ！」

奥さんの超絶フェラ技はとどまることを知らずオレを責めたててきて、たまらずオレのキン○マの中はグツグツと沸騰、熱くたぎるザーメンが早く外に飛び出したくて大暴れを始めてしまう。

「……んくっ、お、奥さんっ！　オレ、まじヤバイです……もう出ちゃいそう……」

　オレが情けない声でそう言うと、奥さんは血相を変えて、

「ダメダメ、ダメよぉっ！　最初の一番濃いヤツは、たっぷりと私の中で出してくれなきゃあ許さないいんだからぁ……」

　そう言い、慌ててフェラをやめると、シャワーの栓を止め、オレの手を引いて浴室を飛び出してた。バスタオルで濡れた体を拭いたりなんかしないから、二人から滴り飛び散った水滴でフローリングの床はもうビチャビチャだ。

「さあ、早く！　これからがホンバンよ！　私の中にそのすごいイチモツ、突っ込んでえっ！」

「お、奥さん、それはいいですけど、一体どこへ行ってヤろうっていうんですか？」

　奥さんに手を引っ張られながら、オレがそう訊くと、

「そんなの、寝室に決まってるじゃないのお！　うちの人が寝てる横でヤるの！　あ～ん、燃えるわぁ～～～～っ！」

　奥さんはそう答え、オレは「マ、マジですか⁉」と。

　もう欲求不満の人妻ったら何を考えてるのかわかんないけど、ここで逆らうのもめんどくさいので、オレはただ黙って従うのみ。

「りょ、了解でーす！」

そして再び二階に上がり、夫婦の寝室に向かったオレたちは、隣りのベッドでいびきをかきながら寝ている課長を尻目に、ついに合体！　正常位、騎乗位、後背位と次々と体位を変えながら、オレは死力を尽くして奥さんのマ○コを突きまくった。

そしていよいよ迫ってくるクライマックス。

「あ、ああん、いい、いいわぁ……はぁ、はぁ、はぁ……も、もうイッちゃいそう！んあぁっ、はん、はっ、はっ……あぁ！」

「う、ううっ……お、奥さん、奥さんっ……はぐぅっ！」

高まり続けるヨがり悲鳴をあげる奥さんの中に、オレは遂に怒濤の一撃をお見舞いし、ぐったりと奥さんの背中の上に倒れ伏していた。

でも一方で課長は、すぐ横で何が行われているのか知る由もなく、ひたすら眠り続けるだけで、さすがのオレも一抹の良心の呵責を感じたっけ。

奥さんとのセックスはめちゃくちゃ気持ちよかったけど、もしもこれを毎晩ってことになったら……マジ地獄ですね。

■アタシは優吾くんの限界勃起ペニスをアソコでズブズブと呑み込んでいき……

童貞喰いからのまさかの兄弟どんぶり3Pで超絶興奮！

投稿者 村上里帆（仮名）／26歳／パート

エッチが大、大、大好きで、自称『埼玉一のインラン主婦』を名乗ってはばからないアタシは、もちろん、夫とは別にセフレが常時三〜四人いますが、つい先月、こんなオイシイ体験しちゃいました。

その日、夫は残業で帰りが遅いということで、アタシはパート終わりの夕方六時頃、最近のセフレの中では一番のお気に入りの信吾（二十五歳）と約束して、彼のマンションに向かいました。信吾はユーチューバーとして稼いでいて、なかなかいいマンションに一人住まいしてるんです。

アタシは五時間ずっと働きづめで、もうお腹がペコペコだったけど、それより何より早く信吾とエッチがしたい一心で、早くもフライング気味にアソコを疼かせながら彼のマンションの部屋を訪ねたんですが……なんとそこにいたのは信吾一人じゃありませんでした。

「里帆さん、紹介するね。俺の弟の優吾、二十歳、大学生です」

「は、はじめまして……優吾といいます」

「ふーん……よろしく。で、なんで今日、その弟くんがいるわけ？」

てっきりすぐに信吾とエッチできると思ってたアタシは出鼻をくじかれ、思わず不機嫌な態度をとってしまいましたが、それに対して信吾が言ってきたのは、意外すぎる内容でした。

「まあまあ、里帆さんのキモチはわかるけど、よく俺の話聞いてよ。実は今日、弟の優吾をここに呼んだのは、里帆さんに一つお願いがあってさ」

「アタシにお願い？　何よそれ？」

「うん、実はさ……俺がエッチについて敬愛し、絶大な信頼を寄せる里帆さんに、こいつの童貞を奪ってやってほしいんだ」

びっくりしました。

でも、ほぼ同時にすごいワクワク感がこみ上げてきたんです。

今まで数えきれないほどエッチしてきたけど、意外に童貞くんとは……こういうの『筆おろし』っていうんでしたっけ？　……したことなかったかも！　弟くんにとってアタシが生まれて初めてのオンナになるなんて、かなりステキじゃない⁉

というテンション爆上がりの目で見れば、弟の優吾くんは信吾に似てなかなかのイケメンだし、カラダも引き締まってて色々と具合もよさそうです。

「うーん、そういうことかあ……信吾の頼みなら仕方ないかなあ……」

「またまたぁ、里帆さんのことだから、『童貞喰い』にテンション爆上がりのくせに」

一応、もったいぶって見せたアタシだけど、信吾はすっかりお見通しで、はいはい、どーせアタシは自称『埼玉一のインラン主婦』ですよ〜だ！

「うふふ、まあね。で、それはいいけど、その間、信吾は何してるつもりなの？」

とアタシが訊くと、彼は、

「もちろん、万が一の事態に備えて、すぐ脇で全裸待機させてもらいますよ」

と答え、何だよ、万が一の事態って⁉（笑）

そんなこんなで、アタシはさっきまでの不機嫌さはどこへやら、すっかりノリノリ前のめりになってしまい、皆で寝室へレッツゴー！

勝手知ったるアタシと信吾はさっさと服を脱いで全裸になりましたが、さすがに優吾くんはそうもいかずモジモジ……でも、アタシはそれもよきかなと思い、

「うん、きみはじっとしてていいのよ。アタシが全部やってあげるから」

と、お姉さん風吹かせて言いつつ、服を着たままベッドの上に横たわる優吾くんの

上に、タプタプとオッパイ揺らしながらまたがると、彼のTシャツの裾を胸上までまくり上げました。そして現れた可愛い乳首を摘まんでクニクニと刺激してあげて。

「……あっ……んくぅ、うん……はふぅ……」

優吾くんがとってもかわいく甘い喘ぎ声をあげ、それを聞いたアタシはがぜん淫乱スイッチが『ヌチョリ』と入ってしまいました。

Tシャツを頭から脱がせると、上半身を倒して乳房を押しつぶすように平らな裸の胸になすりつけながら、彼の乳首をチュパチュパ、レロレロ、ジュルジュルと舐めしゃぶり、吸いました。

「あぁっ！　はあっ、あっ……んあっ、はあぁ……！」

優吾くんは一段とよがり喘ぎ、同時にアタシはまたがった彼の股間辺りのジーンズの布地がカチカチに固く大きく張り詰めていくのがわかりました。おお、これはなかなかにビッグな代物です。

アタシは彼のジーンズとパンツを脱がし、いよいよ全裸に剝いてあげました。

その股間からは、兄の信吾に勝るとも劣らない見事な勃起ペニスが直角に突き立ち、早くも先端から透明な液を垂らしながらビクン、ビクンとひくついています。

「ああ、おっきいオチン◯ン……とってもすてきよ……」

アタシはうっとりとした気分で言いながら、それを唇で咥え込みました。

いきなりこの攻めは濃すぎるかな？　と思いつつも、タマタマをコロコロ、クニュクニュと転がし揉み込みながら、たっぷりと唾液を含ませた口唇を激しく上下させてジュポジュポ、ジュルジュルとしゃぶり吸ってあげて……。

「あああっ！　はぁっ……あ、ああっ……！」

優吾くんの喘ぎはますます高まり、ペニスはアタシの口の中で限界まで膨張していました。そろそろいい頃合いのようです。

アタシは再び優吾くんの上にまたがると、限界勃起ペニスをもうすっかり濡れたアソコでズブズブと呑み込んでいき、しっかりと咥え込んだのち騎乗位で激しく腰を振ってあげました。するとすかさずそこに、これまでおとなしく様子を見守っていた信吾が乱入してきて、アタシの口に自分の勃起ペニスを咥えさせました。自分の弟の痴態を見せつけられて、すっかり興奮してしまっているようです。

アタシは信吾のペニスの抜き差しで口を犯されながら、自分ではまるで逆レイプのような格好で優吾くんのペニスを咥え込んで犯して……まさかの兄弟どんぶりの興奮に、見る見る快感が昇り詰めていくようでした。

「んぐっ、うう、ぐふぅ……んんっ、ふぐっ、ううううっ……！」

「ああ、里帆、里帆……っ！」

「あうっ……あ、ああっ……も、もう出そうですっ……うぐっ！」

優吾くんの快感断末魔の呻きが聞こえるや否や、アタシはすかさず腰を引くとペニスからアソコを離脱させ、まさに間一髪のタイミングで膣外射精に成功しました。

う〜ん、この見事な呼吸、我ながら神業ね（笑）。

すごい勢いで射精した優吾くんは、そのまま魂が抜けたように虚脱し、ベッドの上でぐったりとなってしまい……はい、めでたく童貞喪失。

一方アタシは、ものの三分とかからずイってしまった優吾くんとのエッチで満足できるはずもなく、即入れ替わりで信吾を迎え入れると、それからたっぷり一時間弱、いつものように愛してもらい、結局彼が二発撃ち込んでくる間に四回も達することができました。

童貞喰いもたしかによかったけど、いつか今度、場数を踏んでエッチスキルを身につけた優吾くんと信吾と、ガチンコの兄弟どんぶり3Pを愉しんでみたいと夢みるアタシなのでした。

■私の口内いっぱいいっぱい、はち切れんばかりにペニスが膨張したかと思うと……

お祭りの喧噪の中、幼馴染みの彼との再会エッチに悶えて

投稿者 甘粕友理奈（仮名）／34歳／専業主婦

五月のGWの連休のときの話です。

コロナ禍もほぼ明けたということで、うちのわりと近所にある神社で丸三年ぶりにお祭りが催されることになりました。

昼間はお神輿が出て界隈を練り歩き、ご近所の商店街でもイベントが行われたりして盛り上がり、そして夜は神社の参道に多くの露店が並び、遅くまでにぎわいます。

私は、昼間は実家の母に頼まれた用事があって忙しかったので、夜、夫と二人で露店を巡ってお祭りを愉しむことにしました。焼きそば、たこ焼き、ベビーカステラ、リンゴ飴、チョコバナナ……などなど、おなじみのお祭りグルメの何を食べようかと胸とお腹を（笑）ときめかせながら、二人腕を組んで神社に向かいました。

とはいえ、すでに時刻はもう夜の八時近く。露店の多くはせいぜい九時頃までしか営業しないでしょうから、私と夫はちょっと焦り気味でした。

とにかくまずは参拝を済ませたあと、露店を物色しようと境内を巡り始めたのですが、そのとき夫のスマホが震えました。

「えーっ、今からですかぁ？　……わかりました、すぐ行きます！」

なんとそれは、夫の勤め先からの急な呼び出しでした。なんでも夫にしか手に負えないシステムトラブル対応ということで、行かないわけにはいきません。

「ごめんな、友理奈。ちょっと行ってくるわ」

「うん、わかった。大変だね。行ってらっしゃい」

夫は行ってしまいました。

ひとりぼっちになった私はつまらないので、仕方なく家に帰ろうと鳥居のほうへと向かったのですが、そのとき、私の名を呼ぶ声が聞こえました。

「あれっ、友理奈じゃないか！」

「え……あっ、悟志？　うわっ、久しぶりいっ！」

それは中・高と同じだった、幼馴染みの悟志でした。夫とも共通の知り合いでしたが、実は私たち、ちょっとワケありの関係で……夫には秘密ですが、一時期つきあっていたことがあったんです。もちろん、カラダの関係も含めて。

「へ〜っ、恭平（夫の名前です）、会社に呼び出されちゃったんだ？　GWだっていうのに気の毒になー……それじゃあ友理奈もつまんないだろ？　よかったらちょっと俺につきあってみる？」

夫がいないと知ると、悟志は何の躊躇もなく、私を誘ってきました。

もちろん、私のほうは人妻として少しは躊躇して見せましたが、それとは裏腹に本心では悟志の誘いをとても喜んでいました。

私は結婚相手としては、いい会社に勤め、堅実な性格の夫のほうを選びましたが、セックスにおけるカラダの相性がいいのは、圧倒的に悟志のほうだったからです。

「ええ～っ……どうしよっかな～？　私、人妻だしな～……」

「いいじゃん、いいじゃん！　俺、ちゃんとゴム持ってるしさ。久しぶりにチョー気持ちいいヤツ、一発キメようぜ！　な？」

そう言って私の肩を抱きながら、体を密着させてくる悟志の熱い体温を感じていると、思わずムラムラと体内で燃え上がってくるものがありました。

でも、そこで私はハタとあることに思い至りました。

「でも悟志、一緒に来た彼女のことはどうするの？　まさかこんな場所に一人で来たりしてないわよね？」

そう私が問うと、彼は苦笑いを浮かべながら、

「今からエッチさせろって言ったら断りやがったんで、さっさと棄ててやった。んなわけで友理奈ちゃん、よろしく頼むよ～」

と悪びれもせず言い、私はそんなことだろうと思って呆れながらも、どうにも彼のことを憎めず、こう言っていました。

「はいはい、わかったわかった。で、どこでやろうって言うの？　この辺じゃラブホもないでしょ？」

するると悟志は、ニッコリ笑いながら、

「ふふふ、俺、い～いとこ知ってるんだ。ほら、ちょっと一緒に来いよ」

と言い、私の手を引いて歩き始めました。

そして私が連れていかれた先は、境内の隅っこのほうにある小さなプレハブ小屋でした。彼はズボンのポケットから鍵束を取り出しながら言いました。

「実は俺、この辺の自治会の役員やってるから、こんなのも持ち出し自由なんだ」

そして中の鍵の一つでプレハブ小屋のドアを開けて……。大方、さっき棄てたとかいう女性とここでヤルつもりだったのでしょうが、ほんと、私と出会えたおかげで無駄にならずに済んでよかったね、ってか？（笑）

私たちは中に入ると、内側から鍵をかけ、お互いに服を脱いで全裸になりました。

そこには掃除用具などがしまわれており、灯りはありませんでしたが、すりガラスを通して外の祭りの電飾の明かりが入ってくるので、視界に不自由はありません。

「うーん、友理奈のオッパイ、久しぶり〜っ！　相変わらずおっきくて柔らかくてマシュマロみたいだ……チュパチュパチュパ」

「あんっ……あふ〜〜〜ん……っ」

悟志の口唇愛撫のテクニックも相変わらず絶妙で、私はその快感のツボを的確に押さえた攻撃にさらされ、あっという間にメロメロ！　腰をガクガクと震わせながら、思わずアソコから熱いお汁を溢れさせてしまいます。すると悟志はすぐにそれに目ざとく気づき、指を差し入れヌチャヌチャと掻き混ぜてきました。

「おおっ、相変わらず感度いいなー！　オマ〇コ、もうドロドロのヒクヒクじゃないかあ……俺のチ〇ポを突っ込んでほしくてしょうがないのか？」

「ああん……そうよ！　早くこの太くて固いモノをオマ〇コの奥まで突っ込んでほしくてしょうがないのよっ！」

私はもう恥も外聞もなくそう叫ぶように言うと、だんだん勃ってきた悟志のペニスを摑んでしごき、さらに彼の前にしゃがみ込んで濃厚にしゃぶりまくりました。

「うおっ！　やっぱ友理奈のフェラテク、サイコ〜〜〜〜ッ！」

「んじゅぷ、じゅぽっ、じゅぶるる、んぶっ……！」

私の口内いっぱいいっぱい、はち切れんばかりにペニスが膨張したかと思うと、いきなり悟志が私の肩を掴んで立ち上がらせ、私は壁に手をついてお尻を突き出すような格好をとらされてしまいました。そして悟志は勃起ペニスにゴムを装着すると、

「よし、それじゃあバックから失礼しまーす！」

と言いながら、背後からズブズブと挿入してきました。勝手知ったるその肉感と快感はもう最高で、私はたまらず悶絶してしまいます。

「ああっ、いい……いいっ！　悟志ぃっ……んあぁぁっ！」

「くうっ、友理奈のマ○コ、俺のをキュウキュウ締め上げてきてっ……！　ああっ、ダ、ダメだあっ！」

「ああん……イクイク、イッちゃう〜〜〜〜っ！」

ふと気がつくと、いつの間にか外は暗く静かになっていて、お互いにフィニッシュを愉しんだ私と悟志は、まったりと快感の余韻に浸っていました。

お祭りって、ほんとにいいものですね！

■康介はひと際大きい呻きを発するとともに、ドピュ、グプ、とアタシの口内で……

驚愕の試着ボックス・プレイでHな内助の功に励むアタシ

投稿者 設楽亜沙子（仮名）／25歳／紳士洋品店勤務

アタシの趣味と実益を兼ねたナイショの話、聞かせてあげましょうか？

つい去年、普通のサラリーマンのダンナと結婚したんだけど、そのまま引き続き、地元ではわりと有名な大型紳士洋品店に勤めてます。一つ年下のダンナの給料はまだまだ安いし、アタシも働けるうちはせいぜいがんばって、いつ何が起こってもしのげるように、少しでもお金貯めとかないとね。

と、そうやってせちがらくがんばってるある日のこと。

高校時代につきあってた元カレの康介が、お客としてやってきました。

昔からモテてたチャラいイケメンだけど、親が会社経営してるもので金回りがよく、アタシもしょっちゅう美味いモンおごってもらってたもんです。今はその親の会社で役職付きで働いてるってことで、いい車に乗って、ロレックスとかして、相変わらずブイブイいわせてるみたい。

なんでも来週末に、会社の大口の取引先の重役の息子の結婚式があって、それに招待されてるってことで、「いつもはもっと高級な店でウン十万のスーツをオーダーメイドするんだけど、おっ、そういや亜沙子がここで働いてたなって思い出してさ。昔のよしみで一着いいの買ってやろうかなーなんて思ったわけよ」とか、まあ恩着せがましいことこの上ないんだけど、そこはそれ、アタシも昔に比べてずいぶんオトナになったもんで、「あらあら、それはまことにありがとうございます。心をこめてお品選びのお手伝いをさせていただきます」なんて言っちゃって、ニコニコ笑って揉み手なんかするわけよ。ああ、オトナってつらいわあ。

とまあ、そうやって康介にぴったり付き従って、店内をアッチへコッチへ駆けずり回ってたアタシなんだけど、そこで康介がろくでもないこと言いだしたんです。

「ああ、久しぶりに亜沙子といっしょにずっといたら、昔を思い出して、なんかムラムラしてきちゃった……ねえねえ、ちょっとその辺でしゃぶってよ」

「はあっ⁉」と、思わずあきれ返って、店から蹴り飛ばしてやろうかと思ったアタシだったけど、次の彼の一言でグッと踏みとどまりました。

「もちろん、今は昔とちがってつきあってるわけじゃないから、タダでとは言わないよ。しゃぶってヌいてくれたら、お小遣い、これだけ弾むけど？」

そう言って彼が立てたのは指三本……ちゃちゃっと一発ヌくだけで三万円⁉ 生きていくのに必死なオトナは、易々と白旗をあげるしかありませんでした。

しかしハテ、ちょっとその辺でと言われても、どこでやったらいいものか……？ 思案しながら店内を見回したアタシの目に飛び込んできたのは、店内の要所要所に設置された試着ボックスでした。靴を脱いで入って、カーテンをシャッと引いて中で着替えるアレね。試しに彼に提案してみると、

「おおっ！ そりゃなかなかスリリングで、グッドアイデアなんじゃない？」

と意外にも好反応で、早速実行してみることにしました。

平日の昼間とあって店内には他にお客も少なく、各所で待機しているスタッフもヒマを持て余し気味……これなら大丈夫そうと、まず康介が靴を脱いで試着ボックスに入り、アタシは一緒に入っているのがバレないように、脱いだ靴を中に持ち込んで隠しました。そして鼻息も荒く仁王立ちした彼の前にひざまずき、ズボンのチャックを下ろしていって……。

ズボンの奥から引っ張り出したチ〇ポは、亀頭がやたら大きく、ちょっと右曲がりなのも独特な、なんともなつかしい、わが青春のイチモツでした。アタシと康介は性格は合わないくせに（笑）、カラダの相性はやたらいいという、なんとも業の深い

（？：）関係性で、多いときは週二でヤッていたこともあり、そんなさんざん可愛がってもらったチ〇ポを忘れるわけがありません。

アタシはまだダランと垂れている柔らかいチ〇ポを捧げ持つと、まずはそのズルムケ亀頭のヘリに沿って舌を這わせ始めました。その笠幅の広いエッヂ部分に食い込ませるように、ヌルヌルと唾液をからめながらねぶってあげると、見る見るソレは反応してムクムクと全体が膨張していきました。

「……うっ、んふぅ……さすが亜沙子、フェラテクも衰えてないねえ……」

さも気持ちよさげに言う康介の言葉がさらにブーストとなって、アタシのおしゃぶりにもがぜん熱が入っていきました。

「あ、ああん……は、はあぁっ……あうぅぅ……」

アタシは目いっぱい大口を開け、長い舌をヘビのようにうごめかせ、からみつかせながら、オシッコの出る穴をグリグリとほじくり立て、勃起して太い血管をウネウネと浮き上がらせた陰茎をベチャベチャと唾液まみれにしながら舐め回し、大きな玉袋を一気に口の中に含んでジュクジュクと転がしもてあそんで……。

「あ、ああっ……す、すげぇ、亜沙子……サイコーに気持ちいいぜぇ……もうチ〇ポ、とろけちまいそうだ……んくぁっ……」

もう陶酔状態の康介の意識は朦朧、チ○ポはギンギン！

アタシは先端から滲み出した先走り液の生臭いテイストを味わいながら、手コキを加えて激しくシゴキ立てつつ、亀頭から陰茎の半ばくらいまでをバキュームフェラでジュボジュボと抜き差し、責め立てました。すると一瞬、一気にチ○ポ全体が爆発せんばかりに膨張したかと思うと、

「んあぁっ！　は、はぁう……！」

康介はひと際大きい呻きを発するとともに、ドピュ、グプ、とアタシの口内で激しく発射！　溢れんばかりに大量のザーメンを床にこぼしちゃいけないと、アタシは必死で飲み下していきました。

んもう、康介ったら相変わらずすごいんだから……。

アタシ自身も、あのひたすらエネルギッシュだった昔を思い出させてくれたこの試着ボックス・プレイを愉しみつつ、彼も大いに満足してくれて約束どおり三万円をアタシの手に。おまけにうちの店でもかなりハイグレードなスーツをちゃんと一着買ってくれて、アタシの評価的にもかなりプラスになったみたい。

というのが、アタシと康介の久しぶりのイケナイ再会のときのあらましで、アタシとしてはあくまでその日限りのエロくてラッキーな出来事、くらいのつもりでいたん

だけど、これが実はそうではなく、このあと思わぬ展開になっちゃったんです。

康介が再び店にやってきたのは、それから三週間後のことで、今度は自分の部下だという二十歳そこそこの若い男性を伴っていて。

「よお、亜沙子、また来てやったよ！　実はこの間のことをこいつに話したら、ぜひ自分もおまえにスーツ選びを手伝ってほしいって言ってさ。頼まれてやってくれるかな？　もちろん、それ相応の礼はするからさ」

だって。

なに、アタシって康介の会社お抱えの慰安婦か何か？

アタシ、なんだか康介の都合のいいように使われてるような気がして、ちょっとムッとしたんだけど、一方で、あのときの試着ボックス・プレイで自分も興奮したのは確かだし、やっぱり『礼』は魅力的だし……ってことで、はいはいって引き受けてあげることに。

スーツを何着か選んで、それを持ってこの間と同じ試着ボックスに若い彼と一緒に入って、お望みどおりこってりとしゃぶってあげて……いたら、なんとそこに康介が乱入してきて！　ちょ、ちょっと一体何考えてんの⁉　すると康介は、

「まあまあ、どうせならこの間よりもっと刺激的かつ大胆に行こうぜ、な？　当然礼

は俺ら二人分するからさ。いいだろ？」

ってもう、ほんと勝手なんだから～。

で、何をするかと思えば、若い彼の前にしゃがんでチ○ポをしゃぶってるアタシのバックをとると、スカートの下からするするとパンストを引きずり下ろし、なんとリンボーダンスのように低いブリッジ体勢で、オマ○コに突っ込んできたんです！

「あっ……あひぃ、あん……あうぅ……」

アタシはチョー久しぶりに康介の生チ○ポを味わわされて、恥ずかしながらもう感じまくり！　でも、さすがにこれは店の他の人に気づかれちゃうんじゃない？　と、ハラハラドキドキだったけど……これがなんと奇跡的にセーフだったんです。

ほんと、信じられない話だけど、そのまま若い彼と康介はアタシの上の口と下の口にそれぞれ発射し、アタシもしっかりとイかせてもらい、そしてしっかりと六万円をゲットしたっていうわけ。

こうして以降、康介が連れてくるいろんな相手と、そしてもちろん康介本人とも、たびたび趣味と実益を兼ねたおつきあいをさせていただいてるっていうお話です。

■彼はパンパンに膨らんだでっかい亀頭でアタシのアソコの周辺をスリスリして……

アタシの痴態を目撃し犯した男の正体はなんと……!?

投稿者　白井真帆（仮名）／27歳／パート

午前十時から午後三時までのスーパーでのパート勤務を終え、そのまま夕飯の買い物を済ませたアタシは、夕方四時ごろ自宅アパートに帰り着いたんだけど、なにしろその日は月に一度の特売日だったもんで店は大忙し！　アタシはもうへとへとに疲れちゃって、大きな買い物袋を提げ、二階建てアパートの階段を昇って自室に辿り着くのも一苦労という有様だったの。

玄関ドアを開けて倒れ込むように三和土《たたき》を上がり、ダイニングテーブルの上に買い物袋をドサッと置くと、とりあえずその奥のリビングとして使っている六畳間の畳の上にバタンキュー。って言っても間取りは２ＤＫだから、あと一間は四畳半の夫婦の寝室だけっていう、狭いとこなんだけどね。

するとたまった疲れのせいか、どっと体が重くなっちゃって。

あー、ねむい……。

ダンナが仕事から帰ってくるまで、あとまだ三時間はあるな……よし、一時間くらい仮眠をとっても、夕飯の準備には充分間に合うよね？

ってかんじで、アタシは羽織っていた薄いパーカーを脱ぐと、Tシャツ一枚と膝丈のキュロットパンツだけ（もちろんその下にはブラとパンティは着けてるけどね）という、ラフな完全部屋着スタイルになって畳の上で眠り始めちゃったわけ。

季節柄じめじめと暑いけどエアコンをつけるほどでもなく、大きく開けた窓からそよそよと吹き込む風に身をまかせると、なかなか快適。

あー、気持ちいい……。

と、ここでヒミツの悪いクセが出ちゃった。

アタシってば気が抜けてリラックスすると、手持無沙汰なのかついつい手がモゾモゾと動き出して……オナニー始めちゃうヒトだったりするの。

目を閉じ、アタマはウトウトと眠りの世界をただよいながら、手はごく自然にTシャツをまくり上げてブラを外し、キュロットパンツの前ボタンを外してパンティの中に潜り込んでいって……オッパイとアソコを同時にいじくりだしちゃう。

自慢のまあまあ大きい乳房を揉みしだきながら、乳首をキュキュッとしこって、

「ん……んあっ……」

あそこのクリ豆を摘まんでこね回し、ワレメちゃんに抜き差しさせて、

「はぁっ……あん、ああ……」

アタシは半分眠りつつ、同時にどんどん気持ちよくなりながら、
ああ、ダンナ、早く帰ってこないかなー……夕飯の前に一発やってもらおっかな
……なんて、ますます昂り、手の動きは速く激しくなっていく。

あ、ああん……あと少しでイッちゃいそう……！

そうやって、一段と深くアソコの奥まで指を突っ込んだ、まさにそのとき、とんでもない事態がアタシを襲ったの！

アタシの口にはタオルを丸めたようなものがグッと押し込まれて、まともに声が出せなくなってしまい、さらにお腹の上辺りにすごい重みを感じたと思った瞬間、両手を頭の左右の位置で押さえつけられて……！

声も体の自由も奪われてしまったアタシの顔を、すぐ真上から見下ろしていたのは、作業着を着た見知らぬ男で……！

「奥さん、そんなヨダレの出そうなカラダで、いけないマネを見せつけた、あんたが悪いんだからな？　なあ、いい子にしてれば痛い目にはあわせねえから、ちょっとの間、おとなしくしててくれよ」

男はそう言ってアタシのオッパイに顔を埋めてきたけど、アタシはもう何が何だかワケがわからない。このヒト誰？　なんでアタシの部屋にいるの？　どうやってここに入ったの？

と同時にドバッと恐怖心が湧いてきて、体をよじって必死で男のマウントポジションから抜け出そうとするんだけど、大柄で体重がありそうなのに加えて、腕まくりをした作業着の下から覗く筋肉質の腕はたくましく、とてもじゃないけどビクともしそうになかった。

「……んっ、んぐっ……うぐ、ううっ……」

「だからおとなしくしろって！　オレ、アンタが窓を開けたまま見せつけてきた激エロシーンのおかげで、危うく作業中に電柱から落っこちそうになっちまったんだぜ！マジあぶねえとこだったんだから……」

なんと男は、アタシの痴態を外の電柱の上から目撃してた工事作業中の人だった！

まさかその手（？）があったか……アタシは自分の不覚さを嘆いたけど、時すでに遅しってことで……それと同時に、そういえばさっき帰ってきたとき、へとへとのあまりドアを施錠したかどうか自信がなくなってきて……うん、忘れたに決まってる！

アタシはもう抵抗しないことに決めた。

だって自分が悪いんだもの。

そりゃ、こんなイイ女がオッパイさらしてオナニー姿見せつけてくるんだから、ついフラフラと変な気を起こしたって仕方ないよね！

それによく見たら、このヒト、なかなかイケメンだし……たくましいガタイで、細身で軟弱気味なダンナよりもスゴイＳＥＸしてくれそうだし……。

すると、そんなふうに思い直したアタシの心中が伝わったのかな？　彼はアタシを押さえつけていた手を離し、アタシのお腹の上から体をどけてくれた。さすがに口の中の詰め物を取ってはくれなかったけど、それはアタシとしてもむしろ好都合。だってアタシ、すごく気持ちよくなると無意識に大声あげてヨガっちゃうから、そんなの隣り近所に聞こえたら大騒ぎだものね。

作業着を脱いで上半身裸になった彼の肉体は、惚れ惚れするほど見事な筋肉でアタシはもううっとり……でも、それに続いて脱いだズボンの中から現れたアレは、さらに輪をかけて見事なイチモツで、アタシもう目が釘付けになっちゃった！　絶対にダンナの倍近くはあるはず……。

彼はソレをビンビンにイキらせながら、アタシのキュロットパンツとその下のパンティを脱がすと、パンパンに膨らんだでっかい亀頭でアタシのアソコの周辺をスリスリしてきて……もちろん、その時点でソコはとっくに濡れちゃってたから、もうベチョベチョヌルヌルのいつでもオッケー状態だったけどね。

そしてその極太の勃起マラが、アタシのヌレ肉をえぐり立て、めくり上げるように入ってきたとき、アタシはその衝撃的すぎるほど凄まじい肉圧に圧倒され、たまらず失神しちゃうんじゃないかと思ったほどで……続けて激しいピッチと深いピストンでザクザクと掘削された日には、もうあまりに気持ちよすぎて、このまま全身が弾け飛んじゃうんじゃないかと感じてしまったくらい！

でも、彼が昇り詰めるのに時間は五分とかからなかった。

「あう……この絶品マ○コ、すごすぎる……くうっ、もう出ちまうっ！」

「んぐふっ、うう……んぐ、う、ううう……うう〜〜〜〜っ！」

「んぐ……くあぁ〜〜〜〜〜〜〜っ！」

彼はその瞬間マラを引き抜くと、アタシのオッパイの辺りまで大量の精子を盛大にまき散らし……アタシもサイコーのクライマックスを迎えてた。

彼がそそくさと去っていったあと、何ごともなかったかのように帰宅したダンナを出迎えたアタシってば、イケナイ妻かなあ？

■私の口撃が敏感な箇所を責めるたびに彼のソレはビクン、ビクンと反応して……

お米屋の彼のたくましい肉体に貫かれた淫らな昼下がり

投稿者　村川春奈（仮名）／28歳／専業主婦

その日姑から、「華道教室に通うお花仲間の皆と一緒に華展に行くから、春奈さん、お米屋さんの配達の対応よろしく頼むわね」と言われたとき、驚きのあまり、私はとっさに返事もできませんでした。

この広い家に、雅之さんと私の二人きり……あのたくましい雅之さんと……！

その事実を噛みしめれば噛みしめるほど、心臓が早鐘のようにドキドキと高鳴ってきます。そう、私はこの結婚して嫁いだ家御用達の米穀店の三代目である雅之さんに密かに恋をしていたのでした。

そもそも、ごく普通のサラリーマン家庭に生まれ育った私にとって、日々食べるお米は、車に乗って自分たちでスーパーに買いに行くものだったので、お米屋さんのほうから家に届けに来てくれるなどということ自体、ちょっとしたカルチャーショックでした。さすが代々続く由緒正しい家柄だわと、当初いたく感銘を受けたものです。

でも、ＯＬ時代の上司の紹介で見合い結婚したこの家の跡継ぎである夫は、庶民の娘である私のことを見下しきり、家政婦兼子供を産む道具ぐらいにしか思っていないいけ好かない男で……そのくせ性戯はお粗末な上に肉体も貧弱で、嫁いで以来二年弱の間、私は一度も夫に満足させてもらったことはないのでした。

それに反して雅之さんのほうはといえば、夫と同じ三十歳とは思えない頑健さで、二十キロの米袋二つを軽々と抱え上げ勝手口から屋内まで運び入れることぐらいお安い御用という感じ。もちろん、性戯のほうはわからないけれど、いつも穿いている迷彩柄のカーゴパンツの股間の、たっぷりとした膨らみを見るに、アレの大きさには充分期待できるのではと思っています。

そして何よりもやさしい。

商売っ気も少しはあるだろうけど、雅之さんのほうも私のことを憎からず思ってくれているのではないかと、私の心のアンテナが反応しているのです。

そうこうするうちに午後二時を回り、いつものように表で車の止まる音がしたかと思うと、勝手口のドアを開けて雅之さんが入ってきました。

「こんにちは、若奥さん。あれ、今日は奥様（姑）はいらっしゃらないんですか？」

「ええ、今日は用事で出かけて、帰ってくるのは五時頃になるとのことです」

私は訊かれてもいないのに姑不在の時間帯まで話し、雅之さんの表情を窺いました。

「ああ、そうですか……いつもいらっしゃる奥様がいなくて我々二人だけだと、なんか照れますね」

雅之さんははにかんだように笑い、その瞬間、私は確信を得ました。

まちがいない、彼も私のことを好いてくれている！　私のことを「おんな」として意識してくれている……！

「じゃ、失礼して米びつまで運ばせていただきますね」

雅之さんはそう言って米袋を担ぎ、靴を脱いで家に上がると台所の奥にある米びつのほうに向かいました。そう、彼は私や姑の女の細腕に負担をかけまいと、いつもわざわざお米を米びつに納め入れるところまでやってくれるのです。これはとても嬉しいサービスであると同時に、私の心をにわかにざわつかせるものでした。

まったくの赤の他人の男性を家の奥まで入れるなんて、そうそうないこと……しかもいつものように姑が一緒にいるのならまだしも、今日ははじめて、私一人で彼と対峙しているのです。昂る気持ちに合わせてドキドキと胸の鼓動が高鳴り、私はその音が雅之さんに聞こえてしまうんじゃないかと思い、気が気じゃありませんでした。

そんな私の浮足立った胸中とは裏腹に、彼はまず一つ目の二十キロの米袋を抱え上げて易々と米びつに流し入れると、続いて残る二つ目も持ち上げ、こちらも易々……と思いきや、そのとき思いがけないことが起こりました。

どこからともなく一匹の大きな虫が飛んでくると、雅之さんのすぐ顔の近くまで接近し、その瞬間彼は、「うわっ！」と一声叫んで腰砕けになり、すぐ横にいた私のほうに倒れかかってきたのです。

幸い、すでにほとんどの収納工程を終えかかっていたので、床にお米をぶちまけるような事態にはなりませんでしたが、一度崩れた身体のバランスを取り戻すのは難しいようで、私と雅之さんはもつれ合うようにして床に倒れ込んでしまいました。仰向けになった彼の上に私が覆いかぶさる格好で、下から彼が言いました。

「す、すみません……オレ、虫ダメなんです……」

これが世に言う『胸キュン』でしょうか？

私は、たくましい彼の意外すぎるかわいい言葉にたまらなくときめいてしまい、次の瞬間、自分でも信じられない行動に出ていました。

上になった私をどけて起き上がろうとする雅之さんを制して、そのまま彼の唇に熱い口づけを重ねていたのです。

「……んぐ、うっ、ううぅ……わ、若奥さん……？　いったい何を……!?」

「若奥さんだなんてイヤッ！　春奈って呼んで！」

突然のとんでもない事態にうろたえる彼にそう言い放つと、私は再びその唇を奪い、今度は深く舌を差し入れて口内を舐め回し、お互いの舌をからめ合わせるようにしてジュルジュルと唾液を啜り上げ、溢れしたたらせました。

「んあっ、あふ……ぅ……は、はるな……」

気がつくといつの間にか、雅之さんは私の背中に両手を回してきつく抱きしめ、自ずと二人はきつく密着して……彼の股間がパンパンに固く大きく張り詰めて、まるで私のことを下からグイグイと押し上げてくるようです。

「……あふぅ……雅之さん！　吸ってぇ……わたしのオッパイ、きつく吸ってぇ！」

私はせり上がってくる欲望のままにそう叫ぶと、ブラウスのボタンを外して前をはだけ、ブラジャーも取って乳房をあらわにしました。そして背筋を使って上体を反らすと、雅之さんがそこにむしゃぶりついてきました。

「あ、ああっ……春奈さんのオッパイ……きれいだっ！　んぶっ……んじゅんじゅ！」

「ひあぁっ……ああっ！　ま、雅之さぁん……！」

彼にむさぼられるように白く柔らかな乳肉を食まれ、薄っすら桃色の乳首をねぶり回され、吸い啜られると、わななくような快感が全身を貫き震わせ、悲鳴のような喘ぎがほとばしってしまいます。

私はもう自分でもじっとしてはおられず、彼のTシャツを胸までまくり上げると、そのたくましい胸筋に舌を這わせ、お返しとばかりに乳首を舐め吸ってあげました。

「あ、あああっ、春奈さん……きもちいいっ……！」

という雅之さんの喘ぎが嬉しくて、私はそのまま体を下のほうへずり下げていき……カーゴパンツのベルトを外してチャックを下げ、ボクサーショーツごと膝までひきずり下ろすと、ビーン！　というかんじでもの凄い勢いでペニスが屹立し、その巨大な全身をいやらしく震わせました。

私は、夫にはほとんどしてあげたことがないというのに、喜び勇んでこれでもかと雅之さんのペニスを舐めしゃぶりました。私の口撃が敏感な箇所を責めるたびにソレはビクン、ビクンと反応し、もう愛しくてたまりません。

「ああ、オレにも春奈さんの……舐めさせてぇっ！」

「うん……一緒に舐め合いましょうッ！」

そして双方、下半身をさらした私たちはシックスナインの体勢へと移行し、お互いの性器をねっとりと濃厚に味わい合いました。彼の亀頭をねぶり回しながら、自分のアソコが舐め吸われ、溢れた愛液がビチャビチャとあられもない音を立てるのを聞くと、この白昼の背徳感がいやがうえにも煽り立てられました。

そうやってたっぷり二十分ほどもお互いを舐めむさぼり合ったあと、いよいよ待ちに待ったそのときが訪れました。

ドロドロにとろけ乱れた私のアソコに、彼の燃えるように熱い鋼のような肉棒が突き入れられてきて……淫らに引き裂かれた肉ひだが禁断の喜悦に震え、深く激しく抜き差しされるたびにエクスタシーの火花が弾け飛びます。

「んあっ、はぁっ、ああっ……いいっ、いいわ、雅之さんっ……！」

「ああ、あ……春奈さんっ……サイコーだよぉっ！」

「あ、ああ、あん……あああぁ～～～～～っ！」

私はついに弾けた彼の熱いほとばしりを胎内で受け止めながら、ここ数年味わったことのなかった最上のオーガズムの果てへと吹き飛んでいたのでした。

そのあと、私と雅之さんは二人でシャワーを浴びて、お互いにきれいに体を洗いっこし、彼は次の配達のために去っていきました。

この日以降、雅之さんの配達の日に姑が出かけてくれることを強く願うようになった私なのです。

人妻手記
ありきたりのセックスじゃもう満足できない！
～背徳の快楽に飢えた女豹たち～

２０２３年６月２６日　初版第一刷発行

発行人　後藤明信
発行所　株式会社　竹書房
〒102-0075　東京都千代田区三番町８－１
三番町東急ビル６Ｆ
email：info@takeshobo.co.jp
ホームページ：http://www.takeshobo.co.jp
印刷所　中央精版印刷株式会社
デザイン　株式会社　明昌堂
本文組版　ＩＤＲ